일분 헛소리

ANTHONY DE MELLO, S.J.
ONE MINUTE NONSENSE

Copyright © 1992 by Gujarat Sahitya Prakash, Anand, India
All rights reserved

Translated by JEONG Hangyo

Korean translation copyright © 1994 by Benedict Press, Waegwan, Korea
Korean translation rights arranged with
Gujarat Sahitya Prakash, Anand, India

일분 헛소리
1994년 3월 초판 | 2011년 4월 5쇄
옮긴이 · 정한교 | 펴낸이 · 이형우
ⓒ 분도출판사
등록 · 1962년 5월 7일 라15호
718-806 경북 칠곡군 왜관읍 왜관리 134의 1
왜관 본사 · 전화 054-970-2400 · 팩스 054-971-0179
서울 지사 · 전화 02-2266-3605 · 팩스 02-2271-3605
www.bundobook.co.kr
ISBN 89-419-9403-9 03200
값 8,500원

이 책의 한국어판 저작권은
Gujarat Sahitya Prakash와 독점 계약한 분도출판사에 있습니다.
저작권법에 의해 한국 내에서 보호를 받는 저작물이므로
무단 전재와 무단 복제를 금합니다.

앤소니 드 멜로

일분 헛소리
스승 이야기 삼백마흔 자리

정한교 옮김

분도출판사

펴낸이가 드리는 말씀

여기 토니 드 멜로의 마지막 유작遺作『일분 헛소리』를 펴냅니다.

실은 토니가 이 책을 쓴 게『일분 지혜』보다는 뒤이고『개구리의 기도』보다는 앞의 일입니다. 그 원고를 토니는 곧 박아 내라며 출판사로 부쳐 왔더랬는데, 지금 나타나는 그대로, 이야기들에 제목이 붙지 않고 목차가 없는 원고였지요. 첫 이야기에 달린 짤막한 풀이말을 손으로 적은 것말고는 본문을 타자기로 찍었더군요. 조판을 시작하려는 참인데 1986년 말에 다시 토니가 편지를 보내 왔습니다: "『개구리의 기도』라는 이름을 붙일 다른 책을 하나 쓰고 있는데, 이 책이『일분 헛소리』보다 먼저 나와야겠으니, 그 원고는 되돌려 보내시기 바랍니다."

1987년 처음 몇 달 동안 토니는『개구리의 기도』일에 열중했습니다. 5월 말에 뉴욕으로 떠나기 전에 원고를 출판에 넘기고 싶었던 것이지요. 5월 30일에 봄베이에서 나는 토니를 만났습니다. 몇 시간 동안 우리는 이 책의 편집을 의논했지요. 그 일을 마친 다음 나는 토니에게 『일분 헛소리』의 원고에 대하여 물었습니다. 출판 준비가 되어 있다며 미국서 돌아오면 곧장 부쳐 주마더군요. 또 그러고 나서는 묵상집 준비를 시작하려다고요.

그 날 저녁 여섯시쯤 나는 토니와 작별하고 구자라트로 돌아올 기차를 타러 나섰습니다. 두 시간 뒤에는 토니 자신도 공항으로 떠났고요. 1987년 6월 1일, 뉴욕에서 맞이한 바로 첫 날 밤에 포드햄 대학교에서 토니는 세상을 떠났던 것입니다.

그처럼 빨리 되돌아올 줄은 토니도 미처 몰랐던 것입니다. 6월 13일 상오에 토니의 영구가 도착하여 같은 날 저녁에 반드라의 성 베드로 성당 묘지에 묻혔으니, 이 성당은 토니가 세례를 받았던 곳이지요.

토니의 서류 속에서 원고 세 뭉치가 발견되었습니다:

1. 『일분 헛소리』: "출판 준비가 되어 있다"고 했지만, 역시 이야기들에 제목이 달리지 않고 목차가 없습니다. 토니는 보태어 넣을 요량이었을까요? 이제는 알 길이 없지만 아마 그렇지는 않았을 듯한 것이, "출판 준비가 되어 있다"는 말을 들었기 때문입니다.
2. 피정 모임들이 담긴 원고: 출판할 만큼 충분히 편집되어 있었는데, 그러나 이 책에 대해서는 토니가 나에게나 다른 누구에게나 말을 한 적이 없습니다. 우리는 이 책을 『하느님과의 접촉: 피정 모임들』이라는 이름으로 간행했습니다.
3. 미완성 원고: 미국에서 돌아온 다음 완성할 작정이었던 묵상집인데, 우리는 토니가 남겨 놓은 그대로를 『사랑에의 부름』이라는 이름을 달아 출간했습니다.

이렇게 해서 여기 토니의 마지막 책인 『일분 헛소리』를 펴냅니다. 토니가 『개구리의 기도』 다음에 내고 싶어했던 그 책입니다. 토니가 남겨 놓은 그대로, 제목들이 없고 목차가 없이 그저 이야기들만을 토니가 남겨 놓은 것과 같은 순서로 하나씩 잇달아 실어서 펴내는 것입니다.

일분 헛소리

"The man talks nonsense," said a visitor after hearing the Master speak.

Said a disciple, "You would talk nonsense too if you were trying to express the Inexpressible."

When the visitor checked this out with the Master himself, this is the reply he got: "No one is exempt from talking nonsense. The great misfortune is to do it solemnly."

"헛소리쟁이로군요."
스승의 말을 듣고 난 어느 손님의 소감이었다.

한 제자가 말했다.
"형언할 수 없는 일을 형언하려 한다면
당신도 헛소리를 하겠지요."

손님이 이 점을 스승 자신에게 꼬집어 들먹이자
얻게 된 대답인즉 이러했다.

"헛소리라곤 안하게 돼 있는 사람이란 없지요.
큰 불행은 헛소리를 엄숙하게 하는 것이지요."

이 이야기들에 나오는 **스승**은 어느 한 사람만이 아닙니다. 힌두 구루요, 불자 선사요, 도가 도사요, 유태 랍비요, 크리스천 수도승이며, 수피 신비가입니다. 노자요 소크라테스, 석가요 예수, 짜라투스트라요 모하메드입니다. 그의 가르침은 기원 전 7세기에도, 기원 후 20세기에도 발견됩니다. 그의 슬기는 동양 것이기도 하고 서양 것이기도 합니다. 그의 선조들이 정작 문제이겠습니까? 역사란 필경은 겉으로 드러난 일들을 적은 것이지 **실재**는 아닌 것을. 교설의 기록이지 **침묵**의 기록은 아닌 것을.

읽기에는 1분이면 넉넉한 이야기들이 하나씩 잇따라 나옵니다. 읽다 보면 스승의 언어가 어이없고 괘씸하며 심지어 터무니없어 보이기조차 할 터입니다. 딱한 노릇이지만 이 책은 쉬운 책이 아닙니다! 가르치고자 아니라 깨우치고자 쓴 책입니다. 쪽쪽에 인간의 언어로는 전달할 수 없는 **슬기**가 (인쇄된 말마디들에가 아니고, 심지어 이야기들에도 아니고, 그 정신, 그 정취, 그 분위기 속에) 숨어 있습니다. 박힌 글자들을 읽고 **스승**의 아리송한 언어 속에서 되씹다 보면 저도 모르게 문득 거기 깃든 **말없는 가르침**에 마주쳐 **깨어나는** — 그리고 달라지는 — 일이 있을 수 있습니다. 이런 것이 **슬기**가 뜻하는 것입니다. 조금이나마 자기 쪽의 노력이라고는 없이 달라지는 것, 말들이 아닌, 말들은 못 미치는 저쪽의 실재를 향해서 그저 깨어남으로써 — 믿거나 말거나 — 탈바꿈하는 것이지요.

이렇게 깨어난 사람이 될 만큼 운좋은 사람이라면, 가장 훌륭한 언어란 발설發說되지 않는 언어요 가장 훌륭한 행위란 작위作爲되지 않는 행위이며 가장 훌륭한 변화란 의도意圖되지 않는 변화인 까닭을 알게 될 것입니다.

주의: 이야기들을 소량으로 섭취하십시오 — 한 번에 하나나 둘씩. 약을 한꺼번에 너무 많이 쓰면 약빨이 줄어드는 법입니다.

수도원에서 한 제자가 한 신입생에게 말했다.
"경고해 둬야겠는데, 바른 마음가짐이 없다면
스승이 하시는 말씀을 한 마디도 못 알아들을 거요."

"무엇이 바른 마음가짐인데요?"

"외국어 공부에 열중하는 학생처럼 해요.
말씀하시는 말마디들이야 낯익은 소리지만,
속질 말아요 —
전체적으로는 전혀 딴 뜻이 있으니까."

비판이 제격이라는 생각이 들면
스승은 사정 없이 비판적일 수도 있었다.

그러나 누구에게나 놀랍게도
꾸지람 때문에 원망을 사는 일이라곤 없었다.

한번은 이 점에 대해 질문을 받고는 대답인즉,

"어떻게 꾸짖느냐에 달렸지.
인간들이란 꽃들이거든.
부드럽게 내리는 이슬은 꽃잎을 열어 머금고,
사나운 빗발에는 닫혀 버리지."

"자기 결점들을 찾아내는 좋은 길은
남들 안에 있는 무엇이 자기를 속상하게 하는지
그걸 살펴보는 거라네."

그리고 스승은 자기 집에서 있었던 일을 얘기했다.

      한번은 부인이 부엌 시렁에다
      과자 상자를 얹어 두었는데,
      한 시간 뒤에 보니 상자가 헐렁해 보였다.
      밑바닥이 온데간데 없고 과자 조각들은
      새로 온 부엌 아주머니의 물건들 위에 놓인
      봉지 속으로 고스란히 떨어져 있었던 것이다.
      마음씨 좋은 부인은 아주머니에게
      난처한 노릇을 일으키고 싶지 않아서
      그저 본디대로 과자를 되옮겨 담고는
      손타지 않도록 찬장에다 간수하기만 했다.

      저녁을 먹고 나자 부엌 아주머니가
      일을 그만두고 나가겠다고 알렸다 —
      그 날 밤에 당장.

      "왜요? 무슨 일로?"
      스승이 물었다.

      "되훔치는 사람들을 위해 일하고 싶진 않아요."
      아주머니의 뾰로통한 대답이었다.

이튿날 이어서 스승이 들려 준 이야기:

도둑이 자물통을 폭파하려다가 보니
그 위에 이런 표지가 붙어 있었다.

"다이나마이트를 사용하지 마십시오.
이 자물통은 잠겨 있지 않습니다.
손잡이를 돌리기만 하십시오."

손잡이를 돌리는 순간,
모래 주머니가 떨어져 덮치고
둘레에 불빛이 환히 밝혀지고
경보가 울려 온 이웃들을 깨웠다.

스승이 교도소 방문을 갔을 때
그 사람은 쓸쓸해하고 있었다.

"이런 일을 겪고도 어떻게 내가 또다시
다른 사람을 믿을 엄두라도 내게 되겠소?"

저녁을 마치고는 손님이 설거지를 하겠다고 나서자
스승이 말했다.
"정말 설거지할 줄을 아시오?"

자기는 평생 설거지를 해 왔노라고 손님이 항변했다.
스승이 말했다.
"아, 뭐,
깨끗이 씻지 못하실까봐서가 아니고요 —
그저 정말 씻을 줄을 아시나 해서요."

나중에 제자들에게 해 준 설명인즉 이러했다.
"그릇 씻는 데는 두 가지 길이 있지.
하나는 깨끗이 하려고 씻는 것이고,
다른 하나는 씻으려고 씻는 것이고."

그리고 보니 도리어 더욱 아리송해졌는데,
그래서 스승은 덧붙였다.
"첫째 행위는 죽은 행위이니,
몸은 설거지를 하는데
마음은 씻는다는 목표에 붙박혀 있는 까닭이요,
둘째가 살아 있는 것이니,
몸이 있는 곳에
마음이 있기 때문이지."

"깨침이란
어느 주어진 순간에든 자기가 어디 있는지를
정확히 안다는 뜻이라네 —
쉬운 일은 아니고말고."

그리고 스승은 한 사교가 친구 이야기를 했다.

팔십대 후반의 노인인데도 그분은
여나믄 사교 모임에 초대를 받고 있었다.

한번은 어느 연회에서
사람들의 놀람을 받게 되었다 —
그 날 밤에는 몇 군데나 참석하시냐고.

"여섯."
수첩에서 눈을 떼지도 않고 노신사는 말했다.

"지금 뭘 하시죠?
다음 차례로 가실 데를 보고 계시나요?"

"아니." 정력가는 말했다.
"지금 내가 어디 있는지를 찾고 있다오."

이데올로기들이라면 스승은 딱 질색이었다.

"사상전思想戰에서 결딴나는 건 바로 사람들이야."

나중에 좀더 풀이했다.

"사람들은 돈이나 권력 때문에 살인을 하지.
하지만 가장 가차없는 살인자들은
사상 때문에 살인을 하는 자들이야."

강화 시간에 스승이 말했다.
"작곡가의 천재성은 악보에서 발견됩니다 —
그러나 악보를 분석해서 천재가 드러나지는 않습니다.
시인의 위대함은 말들에 담겨 있습니다 —
그러나 말들을 연구해서 영감이 나타나지는 않습니다.
신은 조물에서 자신을 계시하십니다 —
그러나 조물을 아무리 세밀하게 검사해 본들
신을 발견하지는 못하는 법이니,
이는 마치 몸을 아무리 샅샅이 살펴본들
혼이 보이지는 않는 법인 것과 마찬가지입니다."

질의 시간에 누군가가 물었다.
"그러면 어떻게 우리가 신을 발견할까요?"

"조물을 바라봄으로써 — 분석하지 말고."

"또 어떻게 바라보아야 합니까?"

"농부가 석양의 아름다움을 찾아 나서도
보이는 건 태양과 구름과 하늘과 지평선뿐이지요 —
아름다움이란 '사물'이 아니라
특별한 방식으로 바라보는 것임을 이해하기까지는.
신이 '사물'로서 보일 수 없음을 이해하기 전에는
신을 찾아다녀 봐야 헛일이지요.
특별한 방식으로 바라보는 눈 — 어린이와 비슷하게,
미리 짜인 교리와 신조로 뒤틀리지 않고 바라보는
그런 눈이 필요한 것입니다."

한 제자의 아버지가
스승이 강화중인 강당으로
후닥닥 뛰어 들어왔다.

뭇 사람들을 아랑곳하지도 않은 채
그는 자기 딸을 향해 호통을 쳤다.

"대학 나와 출세할 길은 팽개치고
이 바보의 발치에 앉아 있다니!
그래, 뭘 가르쳐 주더냐?"

딸이 일어나더니 태연히
아버지를 밖으로 이끌어 나가서는 말했다.

"스승과 함께 있으면서 저는
어느 대학도 가르쳐 줄 수 없는 걸 배웠어요 —
아버지를 두려워하지 않는 걸,
또 아버지의 무례한 행동에
당황하지 않는 걸 말예요."

"**깨**치기 위해 무엇이 필요합니까?"

"물 속으로 떨어지면서 물결을 일으키지 않는 것,
나무들 사이로 움직이면서 소리를 내지 않는 것,
들로 들어가면서 풀잎 하나 건드리지 않는 것,
그게 무엇인지를 발견해야지."

보람도 없이 몇 주일을 궁리한 다음,
제자들이 스승에게 물었다.
"그 사물이 무엇입니까?"

"사물? 사물이야 아니고말고."

"그럼 아무 것도 아닌 건가요?"

"그렇게 말할 수도 있겠지."

"그렇다면 어떻게 우리가 그걸
찾아 다닐 수 있습니까?"

"내가 찾아 다니라더냐?
그건 발견할 수는 있지만
결코 찾아 다닐 수는 없는 것이야.
찾아 다니면 놓치는 법이지."

저녁을 먹을 때에
밥상 건너쪽에서 한 여배우가
점성술 애기를 하고 있는 것이
스승에게 들렸다.

스승이 건너다보며 말했다.
"천문학은 믿지 않지요?"

"글쎄요."
여배우가 대답했다.
"뭐든지 조금씩은 믿어요."

행운을 믿느냐고
누군가가 스승에게 물었다.

"믿고말고."
스승은 눈을 반짝이며 대답했다.
"그렇지 않다면 어떻게
좋아하지 않는 사람들의 성공을
설명할 수 있겠소?"

자괴自愧나 원한에 빠진 사람들에게
스승은 엄했다.

"오해받는 것 따위야
굳이 그걸 기억하지 않는 한
아무 것도 아닌 것을."

성폭행을 당했다고 경찰에 고발한 여자 이야기를
스승이 제자들에게 해 준 일이 있었다.

"그 남자의 인상을 말해 보십시오."
경관이 말했다.

"글쎄요, 우선 그자는 **멍청이**였어요!"

"멍청이라구요, 부인?"

"그럼요. 뭘 하나도 몰라서
내가 도와 줘야 했다구요!"

그런데 스승이 이런 말을 덧붙이자
얘기가 차라리 덜 재미나게 되었다.

"언제든지 공격을 받아 화가 날 때에는
자신이 공격자를 어떻게 도와 주었는지를
찾아내도록들 하게."

모두들 항변을 하고 나서자 스승은 또 덧붙였다.

"공격을 받고도 화내기를 마다하겠다면
어느 누가 공격할 수 있겠나?"

성서를 어떻게 사용할 것이냐는 질문을 받자
스승은 학교 선생이었을 적에 학생들에게
문제를 내놓았던 이야기를 했다.

"기압계를 가지고 빌딩의 높이를 재자면
어떻게 하겠는가?"

한 총명한 젊은이가 대답했다.
"기압계를 줄에 매달아 내렸다가
그 줄의 길이를 재어 보면 되겠죠."

"무지몽매하면서 잔꾀는 많군."
이것이 스승의 평점이었다.

그러고는 덧붙였다.

"머리를 써서 성서를 알아듣는 사람들의
잔꾀와 무지몽매가 그런 것이야.
해넘이나 바다도,
혹은 나무들 속에서 속삭이는 밤바람도,
마찬가지로 성서도
머리로 '알아들을' 수야 있지."

"질투와 걱정, 원한과 자책을
사람들은 단념하고 싶어하지 않는데,
이런 부정적인 감정들이 '발길질'을 해서
살아 있다는 느낌을 주거든."

그리고 스승이 들려 준 예화:

> 시골 우체부가 자전거를 타고
> 한 초원을 가로질러 지름길을 택했다.
> 중간쯤에서 황소 한 마리가
> 엿보고 있다가 뒤쫓아 왔다.
> 가엾은 그 친구는 가까스로 울타리에 이르렀다.
>
> "거의 따라잡힐 뻔했잖소?"
> 그 광경을 보고 있었던 스승이 말했다.
>
> "예."
> 노인 우체부가 헉헉거리며 말했다.
> "번번이 거의 따라잡힙죠."

과학자가 스승에게 와서 항변하기를,
"개념 없는 앎"에 반대된다 하여
개념들을 멸시한다는 것은
과학에 대해 부당한 처사라고 했다.

스승은 자기도 과학의 애호가임을
끙끙 앓으며 설명하고는 말했다.
"하지만,
당신이 당신 부인을 안다는 것은
과학의 개념을 안다는 것을 넘어서야겠지요!"

나중에 제자들에게 말할 때는 훨씬 힘찼다.
"개념들은 정의를 내리는데,
정의하는 것은 파괴하는 것이지.
개념들은 실재를 분해하는데,
분해하는 것은 살해하는 것이지."

"개념들이란 그럼 아예 쓸데없는 건가요?"

"아니지.
한 송이 장미를 분해한다면 값진 정보를 얻지 —
그런데 아무리 그래도 그게 그 장미를 아는 건 아니라네.
한 학자가 된다면 많은 정보를 가지게 되지 —
하지만 아무리 그래도 그게 실재를 아는 건 아니라네."

대부분의 사람들이 바라보는 세계는
실재의 세계가 아니라
그들의 머리가 만들어 내는 세계라고
스승은 주장했다.

학자 손님이 이 점을 두고 따지자
스승은 막대기 둘을 마루 바닥에
T자 모양으로 놓고는 물었다.

"여기 무엇이 보입니까?"

"T자로군요."

"그러실 줄 알았습니다.
T자 같은 그런 물건이란 없습니다.
그건 머리 속에 있는 한 상징이지요.
여기 있는 건
막대기 꼴로 된 부러진 가지
둘입니다."

"실재에 대해 말할 때에는
형언할 수 없는 것을 말로 표현하자니
그 말이 오해되기 십상이라네.
그래서 성서라고 일컫는
실재의 표현을 읽는 사람들은
어리석고 모질어지는데,
상식을 따르지 않고
자기들이 성서라고 생각하는 것을 따르는 까닭이라네."

스승에게는 이 점을 보여 주기에
안성맞춤인 비유가 있었다.

    어느 마을 대장장이가
    품삯을 적게 받고도 열심히 일하겠다는
    견습생을 하나 찾아 내고는
    곧장 가르치기 시작했다.

    "화덕에서 쇠를 꺼내어 모루에 얹을 테니,
    내가 머리를 끄덕이거든
    너는 그걸 망치로 때리거라."

    견습생은 들었다고 **자기가 생각한**
    똑 그대로 했다.

    이튿날에는 그가 그 마을 대장장이였다.

실수할세라 벌벌 떠는 제자에게
스승이 말했다.

"실수라곤 안하는 사람들은
실수 가운데도 가장 큰 실수 —
새로운 것이라곤 해 보려 들지 않는
실수를 하고 있다네."

"말해 보시오."
무신론자가 말했다.
"신이 있소 — 실제로?"

스승이 말했다.
"완전히 정직한 말을 바란다면
난 대답을 안하겠소."

나중에 제자들이
왜 대답을 안했더냐고 알고 싶어했다.

"대답할 수 없는 질문이었으니까."

"그럼 스승도 무신론자시로군요."

"아니고말고.
무신론자는 아무 말도 할 수 없는 것을
부정하는 실수를 하지."

그 말이 새겨지도록 뜸을 들였다가 덧붙였다.
"또 유신론자는 그런 것을
긍정하는 실수를 하고."

"**태**평이신 비결이 뭡니까?"

스승은 말했다.

"어쩔 수 없는 일에
온 마음으로 협력하는 것이지."

스승과 제자가 길을 걷다가
길섶에 앉아 동냥질하는 장님과 마주쳤다.

"동냥을 주게나."

제자가 거지의 모자에 동전을 한 닢 떨어뜨렸다.

"경의의 표시 삼아 모자에 손을 댔어야지."

"왜요?"

"동냥을 줄 때는 언제나 그래야 해."

"하지만 그 사람은 눈이 멀었는 걸요."

"자네가 어찌 알아.
사기꾼이었을 수도 있지."

수도원이 점점 붐비고 더 큰 건물이 필요해져서
어느 상인이 백만 불짜리로 수표를 적어서
스승 앞에 내어놓으니, 스승이 집어들며 말했다.

"좋습니다. 받지요."

상인은 불만이었다.
거금을 내놓았는데도 스승은
고맙다는 인사조차 없지 않은가.

"백만 불짜립니다."

"예, 살펴보니 그렇더군요."

"내가 부자라지만 백만 불은 큰돈입니다."

"고맙다는 인사를 바라시오?"

"당연히 그러셔야지요."

"왜 내가?
주는 이가 고마워해야지요."

사회 봉사에 대한 스승의 태도는
사람들을 어리둥절하게 했다.
때로는 대찬성인가 하면
때로는 시큰둥해 보였다.

이런 오락가락하는 태도에 대해
더러 해 주는 설명들 또한
마찬가지로 수수께끼 같았다.

"선행을 하고 싶은 사람은
반드시 문을 두드려야 한다네.

사랑을 하고 있는 사람에게는
언제나 문이 열리어 있다네."

관광객:
"당신네 나라 사람들은 가난합니다.
그런데도 보아하니
무슨 일에 열중할 때라곤 없군요."

스승:
"또 그렇기 때문에
시계를 보는 일이라곤 없다오."

집이 불타서 내려앉았다는 소식을 듣고
한 제자가 부랴부랴 집으로 돌아가야 했다.

그 제자는 노인이었는데,
그가 되돌아오자 모두들
그 노인의 불행을 함께 마음아파했다.

스승이 한 말은 이것이 모두였다.

"이번 일로 해서
죽는 일이 좀더 쉬워지시겠군요."

깨친 사람은
세상에 있는 모든 것이 저마다
정확히 있는 그대로 완전하다는 것을
알아보는 사람이라고
스승은 말했다.

"정원사는 어떻습니까?"
누군가가 물었다.
"그 사람도 완전합니까?"

수도원 정원사는 꼽추였다.

스승은 말했다.
"그 사람이 삶에서 차지하는 의미라는 뜻에서
그 정원사는 한 완전한 꼽추이지."

세상 만사가 완전하다는 생각은
제자들이 받아들일 수 있는 정도를 넘는 것이었다.
그래서 스승은 그것을 좀더
제자들이 파악할 수 있는 범위 안에 있는
개념들로 표현했다.

"신은 우리의 삶이라는 실들을 가지고
완전한 무늬를 짜신다네.
심지어 우리의 죄들을 가지고도.
우리가 이것을 못 보는 까닭은
무늬천의 뒷쪽을 보고 있기 때문이라네."

그리고, 좀더 간결하게는,

"더러 사람들은 반짝이는 돌로 여기는 것을
보석장이는 금강석으로 알아보지."

전국에 이름난 잡지에서
스승의 가르침들을 비아냥거린 것을 보고는
제자들이 속상했다.

스승은 태연했다.

"아무도 비웃는 사람이 없는 그런 말이라면
그게 어디 정작 참말일 수 있을까?"

젊은 날 스승은 정치적 행동가였고
반정부 시위 행진을 앞장서서 이끌었는데,
수천 명이 집과 일터를 버려 두고
소요에 가담하게 되었다.

행진이 시작되기가 무섭게
그는 온 일을 철회해 버렸다.

"당치도 않은 처삽니다.
이 행진은 몇 달을 두고 계획한 것이고
사람들의 희생도 무척 컸습니다.
지조가 없다는 비난을 사실 겁니다."
흥분한 그의 추종자들이 항변했다.

스승은 꿈쩍도 않았다.
"나의 투신이 지향하는 건
지조가 아니라 **진실**이오."

사람들이 그처럼 불행한 이유 하나는
고칠 수 없는 것이란 아무 것도 없다고
생각하는 것이라고 스승은 가르쳤다.

스승이 특별히 즐겨 들려 준 이야기:

    어떤 사람이 상점 주인에게 말했다.

    "여기서 산 이 트랜지스터가
    음질은 뛰어난데요, 하지만
    방송 프로그램이 좀더 나은 걸로
    바꾸고 싶어요."

"찾으시는 게 무엇이오?"
스승이 손님에게 물었다.

"평화."

"에고를 보호하고자 하는 사람들에게는
참 평화란 번민의 장본일 따름이지요."

또, 한 수도자 단체가 와서
물끄러미 바라보며 축복을 청하자
스승은 익살맞게 씽긋하며 말했다.

"하느님의 평화가 항상
여러분을 흔들어 놓기를!"

여행에서 돌아온 스승이
삶에 비유된다고 생각해서 들려 준 경험담:

버스가 잠시 정류하는 동안 스승은
깔끔해 보이는 간이 식당으로 들어갔다.
맛깔스런 수프들이랑 얼큰한 카레 따위랑
갖가지 입맛 당기는 요리들이 있었다.

스승은 수프를 하나 주문했다.

"버스에서 오셨수?"
나이 지긋한 종업원 여자가 물었다.
스승은 고개를 끄덕였다.

"수프는 안 되겠네요."

"카레라이스는?"
스승이 당황해서 물었다.

"버스에서 오셨다면 안 되겠어요.
샌드위치라면 몰라도.
내가 아침나절 내내 걸려서 장만한 요리인데,
손님이 잡수실 시간은 채 10분도 못 되지요.
난 맛을 즐길 시간이 없는 손님에게는
요리 음식을 드리지 않는다우."

점 잔빼는 구석이라곤 없는 스승이었다.
말을 할 때마다 떠들썩하게
마구 껄껄거리기가 일쑤인 바람에,
자기네 영성靈性 — 또 자기네 자신들 — 에 대해
엄숙한 사람들로서는 질겁할 노릇이었다.

환멸을 느낀 어느 손님이 말했다.
"익살꾼이로군!"

"아니, 아니죠."
한 제자가 말했다.
"요점을 놓치셨습니다.
익살꾼은 익살 부리는 자기를 보고 웃게 하고,
스승은 상대방이 자기 자신을 보고 웃게 하지요."

"어떻게 하면
섭리를 믿을 줄 알게 될까요?"

"섭리를 믿는다는 건 마치
주머니에 돈 한 푼 없이 비싼 식당엘 들어가서는
진주조개를 여나믄 개 시켜 먹으면서
진주를 하나 발견하여 값을 치르게 되기를
바라는 것과 같다네."

예배를 스승이 하도 하찮게 여기는 게
제자들에게는 걸림돌이 되었다.

"스스로 경배할 대상을 찾아 보려무나.
그러면 경건하게도
요긴한 것에서는 벗어나게 될 터이니 —
사랑으로 이끄는 깨달음에서는."

그리고 그 자기 변호로,
"주님, 주님" 외치면서
자기들이 행하는 악은
전혀 깨닫지 못하던 사람들에 대한
예수의 비웃음을 인용하곤 했다.

한번은 스승이 한 주눅든 손님에게
바나나를 하나 주었는데,
그 선물에 황공해진 나머지 그는
그걸 어찌 처리해야 할지를 몰랐다.

이 얘기를 전해 듣자 스승은
특유의 말투로 일렀다.

"바보 당나귀더러 먹으라고 그러게."

최근에 들어온 제자가
경험이 더 많은 제자에게 말했다.

"스승하고 함께 살아 봐야
별로 얻는 게 없어 보이는데
왜 그럴까요?"

"당신이 그분에게서
영성을 배우러 왔기 때문이라고
할 수 있을까요?"

"당신은 그럼 뭣하러 왔더냐고
물어 봐도 될까요?"

"신발 끈 매시는 걸 보러!"

지극히 단순한 행동들을
스승이 실행하는 것을 바라본다는 것은
한 즐거움이었다 —
앉거나, 걷거나, 차 한 잔을 마시거나,
훌쩍 어디로 떠나거나.

그분이 하는 모든 행동에 은총이 있어
그분을 자연과 조화시켜 놓는 것 같았고
마치 그분이 아니라 우주가
그분의 행동들을 낳는 듯했다.

한번은 소포를 하나 받았는데,
제자들이 홀린 듯 지켜보는 가운데
스승은 공손하게
마치 그 꾸러미가 무슨 생물인 양
줄을 풀고
포장지를 열고
내용물을 들어올리는 것이었다.

종교심이 자별한 어느 부인이 스승에게
그 날 아침에 고백성사를 보고 왔노라고 했다.

"부인이 무슨 중죄를 지었을 리야 없겠고 —
그래, 무슨 고백을 했는데요?"

"저, 제가 너무 게으름을 피워
주일 미사에 빠진 일이 한 번 있고,
정원사를 보고 맹세를 한 일이 한 번 있어요.
그리고, 시어머님을 한 주간 내내
집에서 몰아낸 일이 한 번 있어요."

"그거야 5년 전 일이 아니던가요?
틀림없이 그 때 이후로
고백성사를 본 적이 있을 텐데요."

"네, 그래요.
하지만 전 매번 그걸 고백해요.
전 그저 그 일을 기억하기를 좋아하죠."

"어느 날엔가는
이미 가진 것을 찾고 있다는 걸
알아보게 될 걸세."
스승이 열심한 제자에게 말했다.

"그럼 지금은 왜 못 볼까요?"

"보려고 애를 쓰고 있으니까."

"그럼 아무 노력도 해서는 안 되나요?"

"느긋해져서 시간을 주면
그것이 절로 알려질 걸세."

신의 호의를 얻기 위해
덕행을 실천하는 사람들에게
스승이 해 줄 이야기는 이러했다.

한 비누 회사가
캐딜락 한 대를 경품으로 내걸어 열린
어느 경연 대회에
수많은 군중이 참여했다.

"왜 '천국향 비누'를 좋아하시죠?"

이런 질문이 나오자
한 정직한 여자의 대답은 이러했다.

"캐딜락을 갖고 싶기 때문이죠."

"넉 달을 스승 곁에 있어 왔는데
아직도 방법 또는 무슨 기법을
가르쳐 주신 거라곤 없네요."

"방법?
대체 무슨 방법을 바란단 말인가?"

"내적 자유를 얻는 방법요."

스승이 껄껄 웃었다.
"방법이라는 올가미를 사용해서
스스로 자유를 얻자면
대단한 기법이 과연 필요하고말고."

스승의 영성은 시대에 적응할 필요가 있다고
제자가 불평을 하자
스승이 껄껄 웃고는 들려 준 이야기:

    학생이 책방 주인에게 말했다.
    "최근에 나온 해부학 책은 없어요?
    여기 이것들은 적어도 10년이나 낡았네요."

    책방 주인이 말했다.
    "이보게, 지난 10년 동안에
    사람 몸에 뼈가 하나도 늘어난 게 없다네."

스승은 덧붙였다.
"지난 10,000년 동안에
인간 본성에 무엇 하나 보태진 것도 없다네."

한번은 스승이 수수께끼를 내었다.
"미술가와 음악가가
신비가와 공통된 점이 뭐게?"

아무도 모르겠다고 하자 스승은 말했다.

"가장 좋은 말은
혀에서 나오지 않는다는 걸
알아차린다는 점."

스승이 길을 걷고 있는데
누가 불쑥 문 밖으로 튀어 나오는 바람에
두 사람이 된통 맞부딪쳤다.

그 사람은 화가 치밀어
정신없이 욕설을 터뜨렸다.

스승은 살짝 고개를 숙이고는
활짝 웃음을 지으며 말했다.
"여보십시오,
이 봉변이 어느 쪽 책임인지 모르지만,
나로선 그걸 따지느라고
시간을 허비할 마음은 없군요.
내가 달려든 거라면, 용서를 빕니다.
댁이 달려든 거라면, 그런 말은 마십시오."

그러고는, 또 한 번 웃음짓고 절하고는
가던 길을 계속했다.

화가에게 스승이 말했다.
"화가마다 성공하려고들
끊임없는 수고와 노력에
시간을 투자하는 게 틀림없지요.

어떤 이에게는
에고를 내버려 둘 기회가 주어지게 되는데,
이런 일이 일어나면 걸작이 태어나고요."

나중에 제자가 물었다.
"누가 스승Master입니까?"

"누구든지
에고를 내버려 둘 기회가 주어지는 사람.
그렇게 되면
그런 사람의 삶이 걸작masterpiece이지."

진리는 우리 눈앞에서 옳건만
우리가 그걸 못 보는 까닭인즉
우리의 안목이 모자라기 때문이라고
스승은 늘 가르쳤다.

한번은 스승이 제자를 데리고 산을 오르고 있었는데,
중턱에서 제자가 덤불숲을 노려보며 투덜거렸다.

"늘 얘기하시던 아름다운 풍경은 어디 있습니까?"

스승은 씽긋 웃었다.

"그 위에 지금 자네가 서 있다네 ―
꼭대기에 다다르면 보이려니와."

"고향에 돌아가서는
마땅한 스승을 어디서 찾을까요?"

"한 순간이라도
스승이 없는 때란 없다네."

제자는 아리송했다.

"매사에 대한 —
새 한 마리, 잎 하나에 대한,
눈물 한 방울, 웃음 한 번에 대한 —
자신의 반응을 그저 살펴보는 것,
그것으로 매사가 스승이 된다네."

예의와 범절에 까다로운 사람은
확실히 아니지만,
스승이 다른 사람들을 대함에는 언제나
자연스럽게 친절한 예모가 있었다.

젊은 제자가 밤에 자동차로 스승을 모셔다 드리다가
교통 순경에게 매우 난폭하게 군 일이 있었다.

변명 삼아 젊은이가 말했다.
"전 제 자신을 감추고 안 그런 척하기보단
차라리 정확히 제가 느끼는 그대로
사람들에게 알리는 편이죠.
예모란 그저 잔뜩 부푼 허풍이거든요."

"썩 옳은 말이로군."
스승이 유쾌하게 말했다.
"하지만 우리 자동차 타이어 속에 든 것도
그게 곧 잔뜩 부푼 허풍인데,
그 바람 덕분에 충격이 얼마나 덜한가."

말의 마력에 대해 경고할 때만큼
스승이 열변일 때는 드물었다.

"말을 조심하십시오.
여러분이 먼눈파는 순간,
말은 절로 살아 꿈틀거리게 됩니다.
현혹하고, 최면을 걸고, 겁을 먹이며
그것이 가리키는 실재에서 벗어난 길로 —
그 말이 바로 실재인 줄 믿는 엉뚱한 길로
여러분을 이끌어 가게 됩니다.

여러분이 바라보는 세계는
어린이들이 바라보는 그 나라가 아니라
말로써 천 갈래로 조각난 세계이니 …
마치 바다의 물결을 바다의 몸체에서
따로 떼어 놓고 바라보는 것과 같습니다.

말과 생각이 침묵에 잠겼을 때,
우주가, 진짜요 옹글며 하나인 우주가
꽃피어 나고,
말은 본디 늘 뜻하는 그것이 됩니다 —
악보이지 음악은 아닌,
차림표이지 음식은 아닌,
이정표이지 여행 목적지는 아닌 그것이."

말의 최면력에 관해 스승이 얘기하고 있는데,
강당 뒷쪽에서 누군가가 소리를 질렀다.
"당신은 지금 헛소리를 하고 있소!
내가 **신, 신, 신** 그러면,
그런다고 내가 신성해진단 말요?
또 내가 **죄, 죄, 죄** 그러면,
그런다고 내가 악랄해진단 말요?"

"앉아, 호로자식 같으니라구!" 스승이 말했다.

그 사람은 핏기가 가실 지경으로 화가 나서
한 동안 말문이 막혀 버렸다.
그리고 나서는 스승에게 마구 욕설을 퍼부었다.

스승이 뉘우치는 태도로 말했다.
"용서하십시오, 선생님.
제가 그만 제 정신이 아니었습니다.
용서 못할 제 잘못에 대해
진심으로 사과 드립니다."

그 사람은 곧 누그러졌다.

"자, 거기 대답이 있군요:
발끈하시게 하는 데도 한 마디 말로 족했고,
진정하시게 하는 데도 또 한 마디로 족했지요."
스승이 말했다.

정부의 고관이 공직을 사임하고서
스승에게 가르침을 받겠다고 찾아왔다.

"뭘 가르쳐 드리기를 원하시오?"

"지혜."
이것이 고관의 대답이었다.

"아이고, 이 양반!
한 가지 중요한 장애가 없다면야
난들 얼마나 기꺼이 가르쳐 드릴꼬."

"장애라뇨?"

"지혜는 가르칠 수 있는 게 아닙니다."

"그럼 여기서는 내가
배울 수 있는 게 아무 것도 없군요."

"지혜를 배울 수는 있지요.
하지만 가르칠 수는 없는 겁니다."

제자들 몇이 소풍을 나가서
눈 덮인 산에 높이 올라 있었다.
온 누리가 고요하기만 했다.
호기심이 발동한 제자들이
밤에 무슨 소리라도 있을지 찾아 내려고
녹음기의 "녹음" 단추를 눌러서
텐트 입구에다 놓아 두고는 잤다.

수도원으로 돌아와서 제자들이
녹음 테입을 되감아서 들어 보았다.
소리 하나 없었다. 전혀.
티없이 깨끗한 고요.

귀를 기울이고 있던 스승이 불쑥 끼어들었다.
"안 들려?"

"뭐가 들려요?"

"은하들이 어우러져 움직이는 소리."

제자들은 어리둥절해서 서로 쳐다보았다.

애착이 우리의 지각을 왜곡한다 —
이것은 스승의 강화에 자주 나오는 주제였다.

한번은 제자들이 흥겹게도
이에 똑 들어맞는 본보기를 얻게 되었는데,
스승이 어느 어머니에게 자녀 안부를 물었을 때였다.

"따님은 잘 있습니까?"

"귀염둥이 내 딸! 복 덩어리예요!
사위가 어쩜 그리 참한 사람인지!
자동차에다, 원하는 보석은 다 사 줬어요.
시중꾼들도 득실득실하구요.
아침은 남편이 침대로 날라다 주고
그애는 정오까지 일어나질 않죠.
사내가 아주 귀공자라구요!"

"그리고, 아드님은?"

"아이고 불쌍한 녀석! 골치 덩어리랑 결혼했어요!
자동차에다, 원하는 보석은 모조리 사 줬죠.
시중꾼들도 줄줄이 대령시키구요.
또, 아내라는 사람이 정오까지 침대에만 있어요!
일어나 남편 아침 차려 줄 생각조차 않는다구요!"

결사대에 들어가 출전해서 목숨을 잃은
수도자를 두고 너도나도 말들이 많았다.

수도원 안에서는
아무도 그의 행동을 인정하지 않는가 하면
더러는 그의 믿음에 탄복한다고들 했다.

"믿음?"
스승이 말했다.

"글쎄요, 자기의 확신에 대해
용기가 있는 사람이었던 게 아닐까요?"

"그건 광신이지 믿음이 아닐세.
믿음은 더욱 큰 용기를 요구한다네 —
자기의 확신을 되살피고
사실과 맞지 않으면 거부하는 용기를."

소년 시절 스승이 학교 다닐 적에
급우 하나가 줄곧 못살게 굴었다.

이제 나이가 들어 옛일을 후회한 그가
수도원을 찾아오니 스승이 얼싸안고 반겼다.

하루는 그가 옛적의 못된 짓을 화제에 올렸는데,
그러나 스승은 기억이 되살아나지 않는 모양이었다.

"기억이 안 나는가?"

"그걸 잊어버린 일은 똑똑히 기억이 나네!"

그래서 두 사람은
티없는 너털웃음으로 녹아 들어갔다.

한 어머니가 자기 아이의 교육을
언제 시작할지 물었다.

"몇 살인데요?"

"다섯 살예요."

"다섯 살!
어서 집으로 가십시오!
이미 다섯 해나 늦었습니다."

가까운 데 있는 한 숲이 불에 타서
벌거숭이가 되었다는 소식을 듣고
스승이 제자들을 동원했다.
"우리가 가서 삼나무들을 다시 심어야겠다."

"삼나무를요?"
한 제자가 어처구니없다는 듯 소리쳤다.
"삼나무가 자라는 데는
2,000년이나 걸리는데요!"

"그렇다면 1분이라도 버릴 시간이 없구나.
곧장 출발하자꾸나."

한 친구가 한 대학생에게 말했다.
"스승에겐 뭣하러 가?
생활비 버는 데 도움이 돼?"

"아니, 하지만 그분 덕분에
내가 생활비를 벌면
그걸로 뭘 할지를 알게 돼."

"여러분의 종교 지도자들은
여러분과 똑같이 눈멀고 헷갈려 있습니다.

삶의 문제점들과 마주칠 때
그들이 대처한다는 것은 죄다
책에서 나온 대답들이 고작입니다.
그러나 삶은
어느 책 속에 끼어 들어가기에는
너무나 큽니다."

이에 관한 예화로 스승은
한 칼잡이 이야기를 했다.

   "노상 강도다! 돈 내놔라.
   아니면 …."

   "아니면?"

   "헷갈리게 하지 마라.
   이번이 내 첫 근무다."

"세상의 악을
스승은 어떻게 설명하십디까?"
손님이 물었다.

한 제자가 대답했다.
"설명을 하시지 않습니다.
뭔가 대처하기에 너무나 바쁘시지요."

다른 제자가 말했다.
"사람들은 늘상 세상과 싸우고 있거나
세상을 지겨워하지요.
스승은 보이는 것에 매혹되시지요 —
엄청나다며, 경외롭다며, 까마득하다며."

달변으로 널리 인정받고 있던 설교자가
친구들에게 고백하기를,
스승의 꾸밈없는 몇 마디가 낳는 그런 효과를
자기 웅변은 낳아 본 적이 통 없다고 했다.

스승과 함께 한 주일을 지낸 그는
정확히 그 까닭을 알았다.

"스승의 말씀에는 침묵이 담겨 있구나.
내 연설에는, 아, 사상이 담겨 있구나."

사람의 몸을 스승은 숭배하다시피 존중했다.
제자가 몸을 가리켜
"흙으로 빚은 질그릇"이라고 하자
스승은 신명이 나서 카비르의 시를 읊었다.

"이 질그릇 이 속에
깊은 골 높은 산이 있도다
일곱 바다가 여기 있도다
억만 별 총총한 은하들이
천체들의 음악이
폭포들과 강들의 샘이
이 안에 있도다"

선생님들을 한 무리 맞이한 스승이
자신도 전에 선생이었던 터이라
오래 동안 활기있게 이야기를 했다.
교육의 목적은 배움이 아니라 삶이라는 것을
잊어버리기가 일쑤인 게 선생들의 탈이라고.

강에서 낚시질하던 학생을 적발했던 이야기도 했다.

    "안녕! 낚시질하기 좋은 날이로구나!"
    스승이 말을 걸었다.

    "네." 대답이 돌아왔다.

    잠시 뒤에 스승이 말했다.
    "왜 오늘 학교엔 안 가니?"

    "저, 선생님 말씀대로 —
    낚시하기 좋은 날이거든요."

또 자기 어린 딸이 받은 통지표 이야기도 했다.

    "미나 어린이는 공부를 잘 합니다.
    만일 순전히 삶을 즐기는 일이
    장애가 되지 않았더라면
    훨씬 더욱 진보가 있었을 것입니다."

자연에 거룩함이 꿰뚫어 있는 모습을
보여 주기를 스승은 좋아했다.

한번은 뜰에 앉아 있다가 탄성을 질렀다.

"저기 저 나무 가지에 앉은
저 파아란 새 좀 봐.
아래로 위로 팔딱 팔딱
예쁜 가락으로 세상 가득 채우면서
그저 한량없이 즐겁기만 하군.
저 새한테는
내일이라는 개념이 없거든."

"**법**은 하느님의 거룩한 뜻을 표현합니다.
그 자체로 숭상하고 애호해야지요."
설교자가 경건하게 말했다.

"부질없는 소리." 스승이 말했다.
"법은 한 필요악이요, 그 자체로는
그저 최소한으로까지 잘라내어 버려야지요.
법의 애호자란 얼간이 폭군이기 십상이지요."

한번은 스승의 누님이
외손녀를 태워 밀고 다니기가 힘겨워서
유모차에다 모터를 달게 했더니,
순경들이 나타나서 한다는 말이,

우선, 동력 장치가 된 수레라면
시속 3마일로 운행할 수도 있으므로
"자동 추진 차량"으로 분류되어야 하는데,
따라서, 모친께서는 차량에 철판을 씌우고
각종 등과 제동 장치를 달아서
운행 허가를 얻으셔야겠고,
또, 그 모든 일을 훌륭히 마무리지으시려면
운전 면허를 받으셔야겠다,

그러더라나!

지구 둘레를 500바퀴 돌고 돌아온
우주 비행사 이야기를 스승은 곧잘 들먹였다.

기분이 어떠냐는 질문에 그는 말했다.

"녹초가 돼 버렸죠!
생각해 보세요,
우리 종교가 규정해 놓은
아침 · 낮 · 저녁 · 밤기도를
내가 몇 번이나 바쳐야 했는지."

규칙들이란 아무리 신성한 것이라 하더라도 모두가
스승에게는 순전히 기능적인 가치가 있을 뿐,
홀로 **최고 법**인 **실재**에 굴복해야 할 것이었다.

유행에 민감한 10대 처녀인 스승의 딸이
어깨를 드러내는 야회복을 입겠다고 했다.
어머니로서는 딸이 그런 차림을 하기에
아직 이르다는 느낌이었다.
열띤 입씨름이 꼬리를 물고 이어졌다 —
여러 날 동안.

마침내 호소가 자기에게까지 미치자
스승은 말했다.

"입어 보라고 하구려.
흘러내리지 않고 제자리에 머물러 있다면 —
그애도 그걸 입을 만큼 나이가 든 게지요."

종교인 문필가가 스승에게
지혜 한 말씀을 청했다.

"먹고 살기 위해 글을 쓰는 이도 있고,
자기의 식견들을 독자들과 나누거나
독자들에게 자주 생기는 문제점들을 제기하려고
쓰는 이도 있는가 하면,
바로 자기 영혼을 이해하려고 쓰는 이도 있지요.

이런 이들 가운데는 오래 가는 이가 없는데,
쓰지 않고는 터질 것만 같아서 쓸 수밖에 없는
그런 이들에게 그런 특징이 있지요."

한 뒷생각으로서 스승은 덧붙였다.
"이런 작가들은 신의 일을 표현하지요 —
무엇에 관해서 쓰든지간에."

깨침은 그 느낌이 어떠냐는 물음에
스승이 말했다.
"광야로 들어가고 있는데 문득
누가 보고 있다는 느낌이 드는 것 같지."

"누가요?"

"바위들이랑 나무들이랑 산들이."

"으스스한 느낌이군요."

"아니, 포근한 느낌이라네.
하지만 낯설어서
사람들의 예사스런 세상으로
얼른 되돌아가려는 충동을 느끼지.
사람들의 소음, 말, 웃음으로 —
우리를 **자연**과 **실재**에서
단절시켜 온 그 세상으로."

노력이 별로 열매를 맺지 못하는 것 같아서
실망해 본 적이 없느냐는 물음을 받고는
스승이 들려 준 우화:

늦은 봄 춥고 바람부는 어느 날
달팽이가 벚나무에 기어 오르기 시작했다.

이웃 나무에 앉은 참새들이
달팽이의 애쓰는 꼴을 보며 한바탕 깔깔거렸다.
그러다가 한 마리가 날아 건너오더니 말했다.
"얘, 멍청아,
이 나무에는 버찌가 없다는 걸 몰라?"

꼬마 친구는 쉬지 않고 기어 오르며 대답했다.
"글쎄, 내가 거기 다다르면 그때는 있겠지."

우울증이 자주 도져서 오래 끌고는 하는
제자가 스승에게 말했다.
"의사는 계속 약을 먹어서 발작을 막으래요."

"그럼 그러지 왜?"

"간에 해로워서 오래 못 살 테니까요."

"흐뭇한 기분보다는
튼튼한 간을 갖고 싶다는 건가?
1년을 살아 있는 게
20년을 잠들어 있는 것보다 낫지."

나중에 스승은 제자들에게 말했다.
"삶도 한자리 이야기 같은 것,
얼마나 기냐가 아니라
얼마나 좋으냐가 중요하다네."

"자기도 모르게 행한 선행이
뜻을 두고 행한 선행보다 낫다네."

어느 날 스승의 이 말씀으로 해서
한바탕 질문들이 어지럽게 쏟아졌는데.
대답할 때가 이르다고 판단되면 늘 그러듯이
스승은 얼른 자리를 비켜 버렸다.

하루는 모두들
세계에 이름난 피아니스트의 연주회에 갔다.
스승이 옆자리에 앉은 제자에게 속삭였다.

"저 손가락들이 건반 위에 움직이는 걸 보게.
저런 동작이 의지로 이루어질 수야 없지.
저런 성질의 일이란 무의식에 맡겨질 수밖에."

"애쓴 보람을 보니
기쁘더라는 적이 있으십니까?"

"손이 해 놓은 일을 연장이 보니
얼마나 기쁘겠나?"

수도원에 온 손님이 유난히 큰 인상을 받고는
일컬어 스승의 광채라 했다.
하루는 스승의 옛 친구 한 분을 만나게 되어
그 점을 설명할 길이 있는지 물어 보았다.

"이렇게 표현해 봅시다 —
삶은 신비지요.
죽음은 삶을 여는 열쇠고요.
열쇠를 돌리는 사람은 그 순간
영원히 삶의 신비 속으로 사라지지요."

"우리는 그 열쇠를 돌리기 전에
죽음을 기다려야 할까요?"

"아니지요!
지금 돌려서 — **침묵**을 통해서 —
신비 속으로 녹아드실 수도 있지요.
그러면 댁도 광채가 나시겠지요 —
스승처럼."

"깨친 사람은 움직임이 없이 여행한다."

누군가가 전에 들었던 이 한 마디의
뜻을 묻자 스승이 말했다.

"날마다 창가에 앉아서
끊임없이 변하는 뒷뜰의 광경을 살펴보게.
지구가 자네를 싣고서
태양을 일주하는 일년 여행 도중이니까."

산스크리트 어구들을 가락에 실어
스승이 읊조리는 소리를 듣고는
산스크리트 어학자가 말했다.

"늘 알고 있던 일이지만 역시,
지상의 어느 언어도
신의 일을 표현하는 데는
산스크리트만한 게 없군요."

"어리석은 소리.
신의 일을 표현하는 언어는
산스크리트가 아니오.
침묵이오."

비굴로 통하는 일종의 속임수인 자기 경멸을 보고
재미가 난 스승이 제자들에게 들려 준 비유 이야기:

두 사람이 교회당에 기도하러 갔는데
사제와 머슴이었다.

사제는 가슴을 치기 시작하더니
정신 나간 듯이 외쳤다.
"저는 사람 중에 가장 비천한 놈입니다, 주님.
주님의 은총을 입기에 당치 않습니다!
아무 짝에도 쓸모없고, 아무 것도 아닙니다 ―
이놈을 불쌍히 여기소서."

사제와 멀리 떨어지지 않은 데서
머슴도 열성이 북받쳐
역시 가슴을 치며 외쳤다.
"불쌍히 여기소서, 주님!
저는 죄인입니다, 아무 것도 아닙니다."

사제가 거드름을 피우며 돌아다보았다.
"허, 저놈 좀 봐!
제가 감히 아무 것도 아니라네!"

"영성의 실제적인 효과를,
땅에까지 내려와 미치는 효과를
실례로 하나 들어 보시오."
따질 채비가 되어 있는 회의론자가 말했다.

"여기 하나 있군요."
스승이 말했다.
"누군가가 당신을 공격할 때
당신은 공격이 미칠 수 없는
하늘 높은 데까지
당신의 영신을 들어올릴 수 있지요."

"왜 … 왜 … 왜요?"
반갑게 맞아들이고는 고작 스물네 시간 만에
스승이 수도원을 떠나라고 하자
깜짝 놀란 제자가 다그쳐 물었다.

"자네에게 필요한 건 스승이 아닐세.
내가 길을 보여 줄 수는 있지만
걷기는 자네만이 할 수 있다네.
내가 물을 가리킬 수는 있지만
마시기는 자네만이 할 수 있다네.
왜 여기서 날 우두커니 바라보면서
시간을 허비하고 있겠다는가?
자네는 길을 알고 있네. 걷게!
바로 자네 앞에 물이 있네. 마시게!"

순례자 한 무리가 스승 방문을 여정에 넣기로 했다.
스승 앞에 이른 그들은 종교적 지혜 한 말씀을 청했다.

종교적인 일에서 사람들 알아보는 눈치가 빠른
스승이 말했다.
"당신들은 전혀 참으로 영성적이 아니라는 걸
알아차리도록 하시오."

자기들의 에고에 대한 이 공격이 조금도 반갑잖은
그들이 설명을 요구하자 스승이 들려 준 우화:

        토끼와 사자가 식당에 들어갔다.
        식당 안에 있던 사람마다 눈이 휘둥그래졌다.

        토끼가 종업원에게 말했다.
        "상추를 부탁합니다 — 양념 치지 말고."

        "같이 오신 분께는 뭘 드릴까요?"

        "필요없습니다."

        "사자는 배가 안 고프시다구요?"

        토끼가 종업원의 눈을 들여다보며 말했다.
        "정말 사자라면 이렇게 앉아 있겠어요?
        가짜라구요!"

호기심 많은 제자가 스승에게 말했다.

"깨쳤을 때 나타나는
표지를 하나 알려 주십시오."

"하나 있지.
이렇게 스스로 묻게 되는 거라네.
'내가 미쳤나,
아니면 다른 사람들이 모두 미쳤나?'"

설교자들과 사제들에 관해서
스승이 늘 사람들에게 촉구한 것은
그들의 주장이 아니라
자격을 살펴보라는 것이었다.

　　　　두 관광객이 호놀룰루에 다가가던 참에
　　　　「하와이」의 정확한 발음을 두고
　　　　옥신각신하게 되었다.
　　　　한 사람은 "하와이"라 했고
　　　　다른 사람은 "하봐이"라고 우겼다.

　　　　착륙하자 그들이 맨 먼저 한 일은
　　　　한 원주민에게 다가가는 것이었다.

　　　　"알로하!
　　　　당신네들은 이 섬 이름을
　　　　어떻게 발음하시오?
　　　　하와이, 아니면 하봐이?"

　　　　"하봐이."

　　　　"고맙습니다."

　　　　"두 분 손님,
　　　　하봐이에 찾아봐 주셔서 반가뵈요."

"스승이 할 일이란 무엇입니까?"
근엄한 얼굴을 한 손님이 물었다.

"사람들에게 웃기를 가르치는 것입니다."
스승이 정중하게 대답했다.

또 한번은 이렇게 밝혔다.

"삶을 마주해서 웃을 수 있을 때는
세상의 주권자가 됩니다 —
죽을 채비가 되어 있는 사람과 똑같이."

"깨침을 어떻게 알아봅니까?"

"깨친 사람은 악을 악으로 보았기에
악을 행할 수 없다는 사실에 의해서."

그리고 스승은 덧붙였다.
"또 유혹당할 수도 없지.
다른 사람들은 죄다 사기꾼들이거든."

경찰이 덮칠세라 두려워진 밀수꾼이
매우 거룩한 수도승을 찾아가서는,
수도원에다 밀수품을 숨겨 달라고 애걸했다 —
성덕으로 이름난 분을 누가 의심하랴며.

분개한 수도승이 숨을 몰아쉬며
당장 수도원에서 나가라고 했다.

"자선에 쓰시게 10만 불을 드리겠습니다."

수도승은 멈칫하는 듯하더니 안 된다고 했다.

"20만 불." 그래도 수도승은 거절했다.

"50만 불."

수도승은 막대기를 집어올리며 호통을 쳤다.
"냉큼 나가라. 값이 너무 가까워지고 있구나."

"어리석은 사람만이
모든 것을 버려 진리를 얻기를 꺼리는 법."

그러고는 스승이 이야기한 비유:

    석유 붐이 한창일 적에
    조그만 시골 마을에서
    땅 주인들이 석유 회사에다가
    가진 땅뙈기마다 팔아서
    한 재산 장만하기에 열심들이었다.

    노파 한 사람은 그러나
    어떤 값에도 안 팔겠다고 했다.

    부르는 땅값이 하늘 높은 줄 모르고 치솟더니,
    마침내 석유 회사는 달라는 대로 주마고 했다.

    그래도 노파는 막무가내였고,
    그래서 속이 상한 한 회사원이
    그 까닭이나 좀 알자고 했다.

    "그것도 몰라? 그걸 팔아 버리면
    하나밖에 없는 내 소득원을 잃는 거야."

"저는 유족한데도 비참하네요.
왜 그럴까요?"

"돈벌기에 너무 많은 시간을 쓰고
사랑하기에 너무 적은 시간을 쓰니까."

변화란, 좋은 일을 위한 변화까지도,
으레 부작용이 따르게 마련이니
변화를 추구하기 전에 조심스레 살펴보아야 한다고
스승은 가르쳤다.
탄약의 발명은 야수를 막아 주게 되었는데 —
또 근대식의 전쟁을 낳았다고.
자동차는 속도를 가져다 주었는데 —
또 대기 오염을 초래했다고.
현대 기술은 목숨을 건져 주고 있는데 —
또 우리 몸들을 약하게 만들고 있다고.

    황금 배꼽이 달린 사람이 있었는데,
    목욕탕이나 수영장에 갈 적마다
    사람들의 놀림감이 되곤 하니
    끝도 없이 난처한 노릇이었다.
    배꼽이 달라지게 해 주십사고
    그는 기도하고 또 기도했는데 —
    그러던 어느 날 밤 꿈에 천사가 나타나더니
    그걸 풀어내어 탁자 위에 놓고는 사라졌다.
    아침에 깨어 보니 그 꿈은 사실이었다 —
    번쩍이는 황금 배꼽belly button이
    탁자 위에 놓여 있었던 것이다.

    하도 기뻐서 그는 벌떡 일어났는데 —
    그 바람에 단추button가 툭 떨어졌다!

철학자가 스승에게 물었다.

"창조의 목적은 무엇입니까?"

"사랑하는 것."

나중에 스승은 제자들에게 말했다.

"창조 이전에는 사랑이 있었다네.
창조 이후에는 사랑이 이루어진다네.
사랑이 다 이루어지고 나면
창조는 없어질 것이고
사랑이 영원히 있을 것이네."

어느 날 얘기가 현대 기술로 돌아가자
스승이 들려 준 자기 친구 이야기:

아이들에게 음악 취미를 북돋아 주려고
집으로 피아노를 사들여 보낸 그 친구가
그 날 저녁 집에 돌아와 보니,
아이들은 피아노를 물끄러미 들여다보며
어쩔 줄을 몰라하고 있다가 묻는 것이었다.

"전기를 어떻게 꽂아요?"

젊은이 적에 스승은 세상을 두루 다니며
많은 여행을 했더랬다.

   한번은 중국 샹하이 항구에 갔을 때인데,
   타고 있던 배 바로 옆에서 큰 비명이 들렸다.
   내다보니 한 남자가 옆의 돛단배 뱃전에 기대어
   다른 남자의 변발을 붙들고 있었고
   그 남자는 그 기다랗게 땋은 머리에 매달린 채
   물 속에서 버둥거리고 있었다.

   배 위의 남자가 물 아래로 남자를 밀어넣었다가
   다시 홱 잡아당기고는 했는데, 그러면서
   두 사람이 1분쯤씩 거칠게 다투다가는
   또 자맥질이 되풀이되고는 하는 것이었다.

   스승은 선실 소년을 불러 웬 싸움인지 물었다.
   소년은 잠시 듣고 있더니 깔깔 웃고는 말했다.
   "아무 것도 아녜요, 선생님.
   배에서는 '안 빠져 죽겠거든 60원을 내라',
   물에서는 '아냐, 40원만' 그러고들 있네요."

제자들이 한바탕 웃고 나자 스승이 말했다.
"하나밖에 없는 목숨을 걸고 에누리를 안하는 자가
자네들 가운데는 단 하나라도 있느냐?"

모두들 말이 없었다.

"누가
행복한 사람입니까?"

"밑천도 없고
가망도 없는데 —
바라지도 않는 사람."

신에 관한 발언을 스승은
도전 없이 넘겨 버리는 일이 없었다.
신에 관한 모든 발언이
불가지의 시적 또는 상징적 표현들이건만,
사람들은 어리석게도 그것들이 글자 그대로
신의 일을 묘사하는 것인 양 받아들인다고.

"신은 슬기롭고 착하신 분이라는 것,
이쯤은 저도 알지요."
설교자의 말에 스승이 맞섰다.
"그러면 어째서 그분은 악을 보고도
속수무책으로 우두커니 계시오?"

"내가 어떻게 알아요?
내가 무슨 신비가란 말입니까?"

나중에 스승이 제자들을 즐겁게 해 준 이야기:

    유태인 둘이 말없이 앉아
    차를 홀짝이고 있었다.
    얼마 뒤에 하나가 말했다.
    "삶이란 미지근한 국 한 사발 같아."

    "미지근한 국 한 사발 같다고? 왜?"

    "내가 어떻게 알아?
    내가 무슨 철학자란 말인가?"

한번은 스승이 힌두 개념을 가져다 써서,
만물은 "리일라", 신의 놀이라고 했다.
그리고 우주는 신의 놀이마당이라고.
영성의 목적은 모든 삶을 놀이로 삼는 것이라고.

이것이 한 청교도 손님이 듣기에는
너무 경박해 보였다.
"그럼 일을 할 데란 없는 겁니까?"

"물론 있지요.
하지만 일이 영성적인 것이 되는 것은
오로지 그것이 놀이로 변형될 때이지요."

"**사**심없는 행동"이란 무엇을 말하느냐고
누군가가 묻자 스승은 대답했다.
"무슨 인정이나 이득을 위해서가 아니라
그 자체로 좋아해서 하는 행동이지요."

한 연구자가 품꾼을 사서
뒷뜰로 데려다가 도끼를 쥐어 주었다.

"저기 저 통나무가 놓인 게 보이지요?
내가 그걸 패는 동작들을 살펴보고 싶은데 —
도끼 날이 아니고 거꾸로 도끼 등을 써야겠소.
한 시간에 백 불씩 치르겠소."

일꾼은 이 연구자라는 이가 돌았나 싶었지만
품삯이 빼어나게 두둑하기에 일을 시작했다.

두 시간 뒤에 품꾼이 와서 말했다.
"선생님, 인젠 그만하고 가겠습니다요."

"왜요? 삯이 시원찮소?
두 배로 올려 드리지요."

"아닙니다요. 삯이야 그만하면 감지덕지입죠.
하지만 나무를 패다 보니 어쩔 수 없이
나뭇조각들이 튀겨 날아가는뎁쇼!"

자녀 교육을 걱정하는 부부에게
스승은 랍비의 말을 인용해 주었다.

"너희 자식들을
너희 자신이 배운 것에 한정시키지 말라.
저들은 다른 나이로 태어났느니라."

"**사**람들이 행복하지 않은 주된 까닭인즉
고통들에서 변태적인 만족을 얻는다는 것이다."

      스승이 밤 기차로 여행중에
      침대차 윗칸에 누워 있었는데,
      아랫칸에서 끙끙거리는 여자 소리가
      끊임없이 들려 와서 잘 수가 없었다.
      "아이고, 목말라 …
      맙소사, 어쩜 이리도 목이 탄담 …!"

      줄곧 애태우는 소리는 계속되고 있었다.
      마침내 스승은 사다리를 타고 내려와
      바람 부는 기다란 복도를 한참 걸어서
      큰 종이 잔 둘에다가 물을 채워 돌아와서는,
      탄식하는 여자에게 건네어 주었다.

      "부인, 자, 물이오!"

      "아이고, 선생님, 고맙기도 하셔라."

      스승이 다시 자기 칸으로 기어 올라가
      편안하게 자리잡고 누워서는
      마침 기분좋게 잠에 빠져들려는 참인데,
      아래에서 또 탄성이 올라오는 것이었다.
      "아이고, 목말랐어 …
      맙소사, 어쩜 **그리도** 목이 탔더람 …!"

사회사업가 여사가 스승에게 와서
저주스런 넋두리를 쏟아 놓았다.

사람들의 갖은 중상과 오해에서
자기 자신과 자기 사업을 보호하기 위해
그처럼 많은 시간과 정력을
소비해야 하지 않았던들,
가난한 사람들을 위해 좋은 일을
얼마나 많이 할 수 있었을까보냐고.

스승은 유심히 듣고 있더니
단 한 문장으로 대꾸했다.

"열매 없는 나무에다가 돌을 던지는 사람은
아무도 없지요."

"**행**동으로 깨침에 이를 수 있습니까?"

"오로지 행동으로 깨침에 이른다네.
그러나 그것은 이득 없는 행동,
그 자체를 위해서 행하는 것이라야지."

연습 경기에서 뛰고 있던
축구 스타의 어린 아들과 함께
스승이 관람석에 앉아 있었다.
그 선수가 멋들어진 고울을 터뜨리자
모두들 신이 났는데, 소년은 시큰둥했다.
지루한 듯이 그저 앉아만 있었다.

"왜 그러고 있어?
아버지가 득점하시는 걸 못 봤니?"

"봤어요. 제대로 넣으셨네요 —
오늘, 화요일에는.
정식 경기는 금요일에 있어요 —
득점이 필요한 건 그 때죠."

스승은 결론지었다.
"행동들이 득점에 도움이 되는지로 평가되니 —
그 자체로 평가되지는 않으니,
딱한 노릇이야."

신심 행위 수행들에
스승은 소질이 없었다.

이에 관해 질문을 받자
그는 말했다.

"등잔이 햇볕 곁에 놓이면
그 빛살을 잃지.
높디높은 신전이라도
히말라야 산기슭에서는
작디작게 보이지."

"우리 신전 사제는 저더러
신전이 제가 예배드릴 유일한 장소라 하시던데,
어떻게 생각하십니까?"

"당신네 신전 사제는
이런 문제를 상의하기에 최적격자가 아니로군요."

"하지만, 그분은 전문가가 아닙니까?"

대답으로 스승은 해외 여행중에 겪은 일을 얘기했다.

가져온 안내서 두 권을
스승이 훑어보고 있는데
안내원이 그 가운데 한 권을 가리키며
상을 찡그리고 말했다.
"이건 아주 나쁜 안내서예요.
다른 한 권이 더 나아요."

"왜? 이게 알거리가 더 많은데?"

안내원이 고개를 저었다.
"이 책은 안내원에게 5불을 주라는데,
저 책은 50센트를 주래요."

"**종**교 조직에 가담하는 이유 하나는
그것이 깨끗한 양심을 가진 종교를
교묘하게 빠져나갈 기회를 준다는 것이라네."

그리고 스승은 외판원과 갓 약혼한 여제자와
나누었던 대화를 얘기했다.

"잘 생겼나?"

"글쎄요. 출중한 편은 확실히 아녜요."

"돈은 있고?"

"있어도 안 쓸 걸요."

"무슨 나쁜 버릇은 없고?"

"담배랑 술이 확실히 좀 지나쳐요."

"모를 일이로군.
좋은 점이라곤 안 보인다면서도
결혼은 왜 하나?"

"그이는 주로 출장중이고 집에 없거든요.
그렇게 남편 부담 없는 결혼에 전 만족예요."

좀처럼 스승은 영적인 화제를 다루는 일이 없었다.
제자들과 더불어 먹고 일하고 놀기에 만족했는데 —
그리고 어울려서 나누는 이야기들인즉,
나라의 정치 상황에서부터
시시한 선술집 농담에 이르기까지,
천차만별한 화제에 관한 것들이었다.

어느 손님이 말했다.
"신을 이야기하기보다 농담을 더 좋아하다니,
그래서야 어디 가르치는 것이라고 할 수 있겠소?"

한 제자가 말했다.
"말을 사용해서 가르치는 것과는
달리 가르치는 길들도 있지요."

카드 놀이를 스승은 썩 좋아했는데,
야간 공습중에 제자 몇이와 밤샘을 하며 앉아서
포커 놀이에 푹 빠진 적도 있었다.
잠시 뜸을 들이며 한잔들 하게 되었을 때
얘기가 절로 죽음이라는 주제로 돌아갔다.

"이 놀이가 한창 신나는 판인데
내가 그만 나뒹굴어 죽었다고 치세.
그러면 자네들은 어쩌겠나?"

"어쩌기를 바라시는데요?"

"두 가지.
첫째, 시체를 치우게."

"그리고 둘째?"

"패를 돌리게."

"**왜** 스승을 찾아왔더랬나?"

"내 삶이 아무 데도 가는 데가 없고
아무 것도 내게 주는 바가 없어서였다네."

"그래서 이제는 가는 데가 어딘가?"

"아무 데도 없네."

"그럼 주는 바는 뭔데?"

"아무 것도 없어."

"그렇다면 뭐가 달라졌어?"

"이제 나는
아무 데도 갈 데가 없으니
아무 데도 가려 하지 않고,
아무 것도 바랄 것이 없으니
아무 것도 얻으려 하지 않는다네."

다년간 자기 종교의 **법**을 연구한 사람에게

"착한 삶의 열쇠는 사랑이지
종교나 법이 아닙니다."

그리고 나서 스승이 들려 준 이야기:

주일학교 학생 둘이
종교 수업에 신물이 났는데,
그래서 하나가 제안했다.
"얘, 우리 뺑소니치자."

"뺑소니? … 하지만,
아버지들한테 붙들려 매타작 맞을 걸."

"우리도 되받아 치지."

"뭐? **아버지**를 쳐? 너 정신 나갔니?
부모에게 효도하라는 하느님 계명도 잊었어?"

"그렇구나 … 좋아, 그럼 이렇게 해.
넌 우리 아버지를 쳐.
난 너희 아버지를 칠 테니."

인도인이니 중국인이니,
아프리카 사람이니 아메리카 사람이니,
힌두니 크리스천이니 모슬렘이니 따위로
자기 자신을 규정짓는다는 것은
아무 의미도 없다고 스승은 주장했다 —
이런 것들은 그저 딱지들일 뿐이라고.

자기는 철두철미 다른 무엇보다도
유태인이라고 주장하는 제자에게
스승은 자상하게 말했다.

"자네를 조건짓고 있는 것이 유태인이라네.
그게 자네 정체인 건 아닐세."

"무엇이 저의 정체입니까?"

"아무 것도 아니지."

"제가 헛껍데기란 말입니까?"

"딱지를 붙일 수 있는 게 아니란 말일세."

스승의 생일 잔치 때에 한 제자가
어딘지 좀 별나게 포도주를 거절했다.

그 제자가 방 안을 돌아다니다가
스승과 마주치게 되었는데,
스승이 눈을 찡긋하며 속삭였다.
"이사람아, 자넨 아직도 뭘 좀 배울
흥미거리들이 있군그래."

"예를 들면요?"

"예를 들면 이런 거라네.
자네가 자네 기도 방석을
포도주로 물들일 수도 있을 텐데,
그래도 거긴 신이 푹 젖어 있을 걸세."

금욕이 아니라 절제를 스승은 당부했다.
우리가 사물들을 참으로 즐기면
절로 절제가 되는 법이라고 스승은 주장했다.

금욕 수행들을 왜 그처럼 반대하느냐고 묻자
스승은 대답했다.
"그러다 보면 즐거움을 미워하게 되고
또 그러다 보면 으레 사람들을 미워하게 되고 —
사람이 딱딱하고 모질어지거든."

"하지만 즐거움을 사랑하는 사람들 가운데도
딱딱하고 모진 사람들이 많은 걸요."

"그렇지 않아.
그들은 즐거움을 사랑하는 게 아닐세.
즐거움을 마구 과식하고 있는 것이지.
그들이 사랑하는 건 과도한 즐거움으로
자기 몸에다가 벌을 주는 것이라네."

주로 비유들과 이야기들로 스승은 가르쳤다.

그분이 그것들을 어디서 얻느냐고
누군가가 묻자 제자가 대답했다.

"하느님한테서 얻으시지요.
하느님은 사람을
의사가 되게 하려면 환자들을 보내시고,
선생으로 삼으려면 학생들을 보내시며,
스승으로 점지하면 이야기들을 보내시지요."

부모를 미워하라고
예수가 제자들에게 명한 데 대해
질문을 받고 스승은 말했다.
"부모보다 더 큰 원수도 드물지."

하루는 스승이 슈퍼마켓에 갔다가
유모차에다 어린 아이 둘을 태워서
밀고 다니는 한 부인과 마주쳤다.

"참 똘똘하게들 생겼군.
몇 살인가요?"

"의사는 세 살이고.
판사는 두 살예요."

뜻을 두고 나아가노라면
못 이룰 일이란 없다고
순진하게도 확신하는 제자들에게
스승은 말하곤 했다.

"삶에서 가장 좋은 일들은
뜻해서 생겨날 수 없다네.

음식을 입에 넣고자 뜻할 수는 있지만
입맛을 뜻대로 할 수는 없다네.
잠자리에 눕고자 뜻할 수는 있지만
잠을 뜻대로 할 수는 없다네.
누군가를 칭송하고자 뜻할 수는 있지만
감탄을 뜻대로 할 수는 없다네.
비밀을 말해 주고자 뜻할 수는 있지만
신뢰를 뜻대로 할 수는 없다네.
섬기는 일을 뜻할 수는 있지만
사랑을 뜻대로 할 수는 없다네."

"다른 사람을 변화시키고 싶을 때마다
스스로에게 묻도록 해라:
이 변화로 무슨 보람을 바라느냐 —
나의 자부심, 나의 기쁨이나 나의 이득?"

웬 젊은이가 다리에서 뛰어내리려는데
한 순경이 달려가며 외쳤다.
"안돼, 안돼! 제발 그러지 마.
앞날이 구만리인 사람이
물 속에 뛰어들 생각은 왜 해?"

"사는 게 지겨워서요."

"제발 잘 들어. 자네가 강물에 뛰어들면
내가 뒤따라 들어가서 자넬 구해야 하잖아?
글쎄 지금 물이 얼음같이 차가운데
난 감기에 폐렴까지 덮쳐 앓고는
이제야 겨우 낫게 되었다고.
무슨 말인지 알겠어? 난 죽는다 그말야.
내겐 아내가 있고 자식이 넷이나 돼.
이런 일로 양심에 가책을 안고서 살고 싶어?
물론 아니겠지. 그러니 내 말 들어.
회개하면 하느님이 용서해 주셔.
집으로 돌아가. 그리고 혼자서,
조용히 집에서 목을 매도록 해."

유럽에서 온 철학자가
스승의 역설적 언사에 짜증이 났다.
"듣자 하니 동방에서는
서로 모순인 두 명제가
동시에 참일 수도 있다더군요."

스승은 그 말을 반가워했다.
"동방이라 …
한 걸음 실재 속으로 들어섰구려.
바로 그래서 실재란
머리로 알아들을 수는 없는 신비라오."

수도원에는 시계가 없었다.
시간 지킬 줄을 모른다고 사업가가 불평하자
스승은 말했다.
"우리가 지키는 시간은 우주의 시간이라오 —
사업의 시간이 아니고."

무슨 뜻인지 못 알아듣겠다고 하자
스승은 덧붙였다.
"매사가 관점에 달렸지요.
숲의 관점에서는
이파리 하나 잃는 게 무엇이겠소?
우주의 관점에서는
사업 계획 하나 놓치는 게 무엇이겠소?"

"못 깨친 사람들이 왜 더 많을까요?"

"찾고들 있는 게 진리가 아니고 편리이니까."

그 예화로 스승이 들려 준 수피 이야기:

돈이 궁한 사람이 거친 깔개를
내다 팔려고 길에 나섰다.
그걸 보게 된 첫번째 사람이
"형편없이 낡아빠진 거로군요."
하고는 매우 싸게 샀다.

잠시 뒤에 그걸 산 사람이
지나가던 다른 사람에게 말했다.
"비단같이 고운 깔개 하나 사십쇼.
이만한 물건은 없습죠, 선생님."

그 광경을 보고 있던 한 수피가 말했다.
"여보시오, 깔개 장수.
거친 깔개를 고운 깔개로,
돌멩이를 보석으로 둔갑시킬 수 있는
그 요술 상자 속에 나도 좀 들어갑시다."

"요술 상자는 물론 이기심이라는 것인즉,
세상에서 가장 효과적으로
진실을 속임수로 바꿔치는 도구지."

"**영**성이란 정치하고는 상관 없는 줄 알았어요."

스승의 정치 활동들을 처음 알게 되자
좀 충격을 받은 여제자가 말했다.

"그러니 영성이 뭔질 통 모를 밖에."

다른 날 또 한 마디 해 주게 되었다.

"정치가 뭔지도 통 모르는군."

"사심없는 사랑이라는 그런 게 있습니까?"
대답으로 스승이 들려 준 이야기:

선행善行씨가 천당에서 행실록을 살펴보는 천사 곁에
안절부절 서 있는데, 이윽고 천사가 눈을 들었다.
"이거야 원, 듣도 보도 못한 동화로군!
온 평생에 쬐그만 죄 하나조차 눈닦고 봐도 없다니!
네가 행한 것이라고는 모조리 자선 행위뿐이거늘,
너를 천당의 어느 범주에다가 넣을 수 있을꼬?
물론 천사는 아닌 너를 천사에 넣어 줄 수야 없고,
그렇다고 약점 하나 없으니 사람이라 할 수도 없고.
해서, 하루 동안 땅에 되돌려보내어 적어도 죄 하나는
지을 수 있게 해 줄 터인즉 — 사람이 되어 돌아오거라."
그리하여 가엾게도 죄없는 선행씨는 고향 마을로 돌아와
길 모퉁이에 서 있게 되었는데, 속절없이 우물쭈물하다가,
큰맘먹고 몇 발짝 어슬렁거리기라도 해 보기로 했것다.
한 시간, 두 시간, 세 시간, 그저 속수무책인데, 이윽고
한 우람한 여자가 눈짓을 했고 선행씨는 잽싸게 맞받았다.
젊거나 예쁘기는커녕이지만 — 천당행 여권 아니라더냐.
그리하여 선행씨는 그 여자와 하룻 밤을 새우게 되었는데,
동이 터서 시계를 보니 서둘러야 할 때였다. 반 시간만
더 있으면 다시 천당으로 불려 갈 것이었다.
주섬주섬 옷을 주워 입던 선행씨가 갑자기 얼어붙었다.
침대에서 그 나이 많은 여자가 이렇게 외친 것이다.
"오 사랑하는 선행씨,
간밤에 당신은 얼마나 큰 선행을 하셨는지!"

미술 평론가가 수도원에서 강연을 하고 있었다.

"미술품은 박물관에서 발견되지만,
아름다움은 어디서나 발견됩니다.
공중에서도, 땅 위에서도,
아무 데서라도 공짜로 얻어집니다 —
거기 아무 이름도 붙어 있지 않고."

이튿날 제자들하고만 있을 때 스승이 말했다.

"영성하고 똑 같구먼.
성전이라는 박물관에서는
상징들이 발견되지만,
그 실체는 어디에나 있거든.
그건 거저 얻게 되는 것이고,
알려져 있지 않은 것이고,
아무 이름도 붙어 있지 않거든."

현대 기술에 매혹되면서도
스승은 그것을 진보라고 부르기를 거부했다.

스승에게는 참 진보란
"마음의 진보", "행복의 진보"이지
"두뇌의 진보"나 "장치의 진보"가 아니었다.

"현대 문명을 어떻게 생각하십니까?"

어느 기자의 질문에 스승은 대답했다.

"매우 좋은 한 착상이라고 생각합니다."

애기가 **현대적 진보**에 이르자
스승이 들려 준 이야기:

      개발도상국에서 손님 둘이 왔다.
      스승이 그 나라 사람들의
      경제 상태를 물었더니
      손님 가운데 한 분이
      버럭 화를 내는 것이었다.

      "이것 보시오,
      우리 나라는 문명국이라구요.
      화약 공장까지도 둘이나 있다구요!"

사회사업가에게 스승이 말했다.
"하시는 일이 좋은 일이라기보다는
오히려 해롭지나 않은지 모르겠소."

"왜요?"

"정의의 명령 둘 가운데
하나만 강조하시는 것 같아서."

"즉?"

"'가난한 이들은
빵에 대한 권리가 있다.'"

"다른 하나는?"

"'가난한 이들은
아름다움에 대한 권리가 있다.'"

대부분의 사회활동가들에 대한
스승의 불만인즉,
그들이 추구하는 것은 개혁이지
혁명이 아니라는 것이었다.

      옛날에 매우 슬기롭고 어진
      임금님이 있었는데,
      자기 나라 감옥에 죄없는 사람들이
      많이 갇혀 있다는 것을 알게 되었더란다.
      그래서 임금님은 칙령을 내려,
      죄없는 수감자들을 위해서
      따로, 더 편안한 감옥을 짓도록 했더란다.

한 제자가 스승을 경모한 나머지
신의 화신으로 우러렀다.

"말씀해 주소서, 스승님,
어찌하여 이 세상에 오셨사옵니까?"

"너 같은 멍텅구리가
스승들을 예배하는 데
시간을 허비하는 걸
막으러 왔느니라."

자기 나라가 달성한 경제와 문화 업적들을
누군가가 자랑하자 스승은 시큰둥했다.
"그 모든 업적들이 당신네 동포들의 마음 속에
조금이라도 변화를 이룬 게 있소?"

식인종들에게 붙들린 백인이
추장 앞에 끌려가게 되었는데,
산 채로 굽혀서 먹힐 참이었다.
그런데 얼마나 놀라운 일인가,
추장이 영어로 말을 하는데
듣자니 완벽한 하바드 억양이었다!

"하바드에서 여러 해를 지내고서도
조금도 달라지지 않더란 말이오?"

"물론 달라졌고말고.
거기서 나는 문명인이 되었다네.
자네가 다 굽히고 나면
나는 만찬 정장을 하고서
나이프와 포크를 가지고
자네를 먹으려네."

"자네 밖에서 신을 찾고 있다는 것,
그게 자네의 잘못일세."

"그럼 안에서 찾을까요?"

"자네의 '안'이라는 게
자네 밖에 있다는 걸 모르겠나?"

사람들의 로봇 같은 실존을 스승은 줄곧 환기시켰다.
"생각들과 느낌들과 행동들이 낱낱이 기계적으로,
자기 자신이 아니라 주어진 조건에 따라서 일어난다면,
그래서야 어찌 사람이라고 자처할 수 있을꼬?"

"그 조건을 깨뜨리고 우리를 해방시킬 수 있는
그런 무엇인가가 있습니까?"
제자들이 물었다.

"있지. 깨달음."

그러고는 잠시 생각한 다음 덧붙였다.
"그리고 파국."

"파국?"

"그렇지. 매우 영국인다운 영국인한테서 들은 얘긴데,
바다 한복판에서 조난을 당해서 또 다른 영국인과 함께
좋이 한 시간을 헤엄치고 나서야 마침내 그 사람은
자기 조건을 깨뜨리고 풀려나서,
소개를 받지 않고도 말을 걸게 되었더라네."

"뭐라고 했는데요?"

"'소개도 받지 않고 이렇게 말씀을 드려 죄송합니다만,
이게 사우스앰튼으로 가는 길일까요?' 그랬더라나."

실재를 개념이나 이름 속에 가두는 데 대해
스승은 경고하여 마지않았다.

한번은 신비론 학자가 물었다.
"존재라는 말을 쓰실 때,
그것은 영원한, 초월超越적 존재 말입니까,
아니면 무상한, 우유偶有적 존재 말입니까?"

스승은 눈을 감고 생각에 잠겼다.
그러고는 눈을 뜨더니,
지극히 무방비한 표정을 띠고 말했다.
"음!"

나중에 스승은 말했다.
"실재에다 이름을 붙이자마자
그것은 이미 실재가 아니지."

"그것을 '실재'라고 부를 때조차요?"
짓궂은 제자가 물었다.

"그것을 '그것'이라고 부를 바로 그 때조차."

모든 교리, 모든 신조, 신의 일에 관한 모든 개념을
낱낱이 조직적으로 부셔 버리는 것을
스승은 자기 소임으로 삼았다.
본디는 가리키는 구실을 하기 위한 것이었던 이것들이
이제는 설명하는 구실을 하는 것으로 여겨지고 있다고.

스승은 이 동양 격언을 즐겨 인용했다.

"현자가 달을 가리킬 때
백치가 바라보는 것은 고작
손가락이다."

누구하고도 스승은 논쟁을 벌이지 않았다.
"논쟁자"가 추구하는 것은 자기 신념의 확인이지 진리가 아니라는 것을 알고 있었기 때문이다.

논쟁의 가치를 설명한 예화:

"버터를 바른 식빵 조각을 떨어뜨리면 버터 발린 쪽이 위로 갈까 아래로 갈까?"

"물론 버터 발린 쪽이 아래로 가지."

"아냐, 버터 발린 쪽은 위로 가."

"실험을 해 보자."

그래서 식빵 조각에다 버터를 발라서 던져 올렸다. 떨어지니 —
버터 발린 쪽이 위였다!

"내가 이겼다!"

"내가 실수를 했기 때문일 뿐이야."

"무슨 실수?"

"분명히 내가 틀린 쪽에 버터를 발랐어."

"종교적 신조는
실재의 진술이 아니라 한 암시,
인간의 사고가 못 미치는 저편에 있는
어떤 것에 대한 한 실마리입니다.
요컨대, 종교적 신조는
달을 가리키는 손가락일 뿐입니다.

어떤 종교인들은
그 손가락 연구에서 넘어서는 일이 없습니다.

어떤 이들은
그 손가락을 빨기에 열중합니다.

또 어떤 이들은
그 손가락을 써서 자기 눈을 후벼냅니다.
이들은 종교로 말미암아 눈이 먼
고집쟁이 맹신자들입니다.

그 손가락에서 충분히 떨어져서
그것이 가리키는 것을 바라보는
그런 종교가는 참으로 드뭅니다 —
이들은 신조를 넘어가 버렸기에
신성모독자로 여겨지는 사람들입니다."

어느 날 밤 스승은
툭 틘 들판으로 제자들을 이끌고 가서는
하늘에 총총한 별들을 가리키면서
제자들을 바라보며 말했다.

"이제 내 손가락에 집중해라, 모두들."

제자들은 요점을 터득했다.

신神 신앙의 진술을 낱낱이 부셔 버리는
스승의 경향에 놀라서 제자 하나가 외쳤다.

"제가 붙들 것이 없어져 버렸어요!"

"새새끼가 보금자리에서 밀려 나올 때
하는 소리가 바로 그거라네."

나중에 스승은 말했다.

"신조들의 보금자리 속에 안주해 있으면서
날게 될 줄로 생각하나?
그건 나는 게 아닐세.
날개를 퍼덕이는 것이지!"

"**겸**손은 어리석은 자책이 아니라네.
노력으로 실행해 내는 것은 고작
행실의 변화임을 이해하는 것이지 —
자기 자신의 변화는 아님을."

"그러니 참 변화는 노력이 없는 거라는 말씀인가요?"

"맞네."

"그럼 참 변화는 어떻게 생겨납니까?"

"깨달음을 통해서."

"그리고 깨닫게 되려면 무엇을 합니까?"

"잠든 사람이 잠에서 깨려면 무엇을 하나?"

"그러니 자랑할 만한 참 선행이란 없다는 말씀인가요?"

대답으로 스승은 주워듣게 된 한 대화를 얘기했다.

"우리 스승 말야 — 목청이 좀 좋아?
참 신통하게도 노래를 잘 하셔!"

"흥! 나도 그런 목청이 있으면
똑같이 잘 부르겠지."

이웃 나라 왕이 수도원을 내방하겠다고
알려 오자 모두들 흥분했다.
스승만이 평소의 자기대로였다.

스승이 있는 데로 왕이 안내되어 왔고,
왕은 깊이 허리를 굽혀 인사하고는 말했다.

"신비가의 완성에 득달하신 분이라고 믿기에
신비적인 일의 요체에 관하여 묻고자 왔습니다."

"무슨 연유로요?"

"존재의 본성을 탐구하여
나 자신의 존재와 신하들의 존재를
다스릴 수 있게 되고
그래서 온 나라가 화합에 이르는 것이
나의 소망입니다."

"좋습니다, 하지만 미리 경고해 두어야겠는데,
탐구에 충분히 나아가시고 나면,
추구하시는 그 화합을 달성하는 길은
다스림이 아니라 내맡김이라는 것을 발견하실 겁니다."

의인임을 자부하는 설교가가 스승에게 말했다.

"세상에서 가장 큰 죄는 무엇이라고 생각하시오?"

"다른 사람들을 죄인들로 보는 사람의 죄."

"바리사이와 세리라는,
인간의 두 유형이 과연 있고말고."
예수의 비유를 읽고 나서 스승이 말했다.

"바리사이를 어떻게 알아볼까요?"

"간단하지. 나누기를 일삼는 사람들이지."

"인간은 모두가 대체로 동등하게
선하거나 악한 것이라네."
선인이나 악인이라는 딱지 붙이기를
미워하는 스승이 말했다.

"성인을 어떻게
죄인과 동등한 자리에 앉힐 수 있습니까?"
한 제자가 항변했다.

"누구나 태양에서 같은 거리에 있으니까.
마천루 꼭대기에 산다고 해서
정작 거리가 줄어드느냐?"

온 세상이 참이라는 것은 거짓이라고
스승은 주장했다.
그래서 개척자란 으레 하나인 소수자라고.

"자네들은 진리를 마치
책에서 집어낼 수 있는
공식인 양들 생각하는구나.
외로움을 치러야 진리를 산다네.
진리를 따르고 싶거든
홀로 걸을 줄을 알아야지."

"진리를 찾아서라면 저는
어디든지 갈 각오가 되어 있습니다."
열심한 제자가 선언했다.

스승이 씽긋하며 물었다.
"언제 가려나?"

"갈 데를 말씀해 주시면 곧장."

"자네 코가 가리키는 쪽으로 가 보게나."

"그러죠. 어디서 멈춰 설까요?"

"어디든지 내키는 대로."

"그러면 거기 진리가 있을까요?"

"그렇지. 바로 자네 코 앞에서
못 보는 자네 눈을 들여다보고 있다네."

"**깨**침은 쉽습니까 어렵습니까?"

"바로 눈앞에 있는 것을 보기만큼
쉽고도 어렵지."

"바로 눈앞에 있는 것을 보기가
어떻게 어려울 수 있습니까?"

스승은 다음 이야기로 대꾸했다.

    소녀가 남자 친구를 반기며 물었다.

    "내게 뭔가 달라진 게 보이니?"

    "새 옷?"

    "아냐."

    "새 신발?"

    "아냐. 좀 색다른 거야."

    "모르겠는데."

    "방독면을 쓰고 있잖아."

불자인 제자가 물었다.
"부처님의 마음은 무엇입니까?"

"자신의 마음이나 자아를 물을 것이지
왜 남의 마음은 물어?"

"그럼, 무엇이 저의 자아입니까, 스승님?"

"그걸 알려면
'숨은 행동'이라는 걸 알아야지."

"무엇이 숨은 행동입니까?"

"이걸세."
그러면서 스승은
눈을 감았다가 떴다.

해석하지 않고 바라보기에 이르면
깨침이 오리라고 스승이 밝히니,
해석하지 않고 바라보기가 무엇인지
제자들이 알고 싶어하자,
스승은 이런 이야기로 설명했다.

    천주교 신자인 막일꾼 둘이
    어느 갈봇집 앞의 길바닥에서
    도로 공사 일을 열심히 하고 있는데,
    한 랍비가 그 소문 나쁜 집 안으로
    살며시 들어가는 게 보였다.

    "흥, 알 만하지, 안 그래?"
    서로들 말했다.

    잠시 뒤에 한 목사가 숨어 들어갔다.
    "놀랄 것두 없지, 안 그래?"

    그 다음에는 그곳 천주교 본당 신부가
    외투 깃으로 얼굴을 가리며 얼른
    그 건물 속으로 빠져 들어갔다.
    "저런 고약한 노릇이 있나?
    색시들 가운데 누가 병이 든 게로군."

제자가 스승에게 어떻게 하면
도道에 들어갈 수 있는지를 물었다.

"수도원 옆으로 흘러가는
저 물의 속삭임이 들리느냐?"

"예."

"그것이 **도**에 들어가는
빼어난 길이라네."

즐겨 들려 준, 스승 자신의 이야기:

첫 아이가 태어난 뒤에 아기방엘 갔더니
아내가 아기 침대를 굽어보며 서 있었다.
잠자는 아기를 바라보고 있길래
그는 말없이 아내를 살펴보고 있었다.

아내의 얼굴에서 경탄의 표정이 보였다.
못 믿겠다는 듯 황홀한 기쁨이 번뜩였다.
눈물이 핑 돌도록 감동한 그는
발꿈치를 들고 살금살금 다가가서
아내 허리를 감싸 안으며 속삭였다.
"난 정확히 알아요, 여보 —
당신이 뭘 느끼고 있는지."

화들짝 놀라 정신이 돌아온 아내가
얼떨결에 불쑥 내뱉았다.
"그래요. 세상에, 꿈에도 몰랐죠 —
저렇게도 훌륭한 아기 침대를
20불로도 만들 수 있을 줄이야!"

신이 화제에 오를라치면 언제나 스승은
신이란 본디 인간의 사고가 못 미치는 곳에 있다고 —
한 신비라고 주장하곤 했다.
그러니 신에 관한 말은 무엇이나
신에 관해서 참인 것이 아니라
우리의 신 개념에 관해서 참이라고.

이 말에 담긴 뜻을
제자들이 정작 알아듣는 일이 없더니,
마침내 하루는 스승이 보여 주고자 했다.

"신이 세상을 창조하셨다거나
신이 우리를 사랑하신다거나
신이 위대하시다고 말하는 것은 참말이 아니지 —
신에 관해서는 아무 말도 할 수 없는 것이라네.
그러니, 정확하게 말하겠다면
우리의 신 개념이 세상을 창조했다,
우리의 신 개념이 우리를 사랑한다,
우리의 신 개념이 위대하다, 그래야겠지.

"정말 그렇다면 신의 일에 관한 우리의 개념은
모조리 떨쳐 버려야 하지 않겠습니까?"

"우상들을 세워 첫 자리에다 두지 않는다면
굳이 우상들을 버릴 필요야 없겠지."

인격신을 사람들이 믿거나 말거나
스승은 별로 개의치 않는 것 같아서
더러 제자들은 마음에 걸렸다.

한번은 스승이 자기 애용구가 된 한 문장을
인용해 주었는데, 국제연합 사무총장
다그 함마슐드의 일기에서 뽑은 것이었다.

"우리가 인격적 신성을 믿기를 그치는 날
하느님이 죽지는 않지만,
모든 이성을 넘어선 데서 샘솟아
새삼 나날이 끊임없이 발산하는 **경이**의 빛으로
우리의 삶이 밝혀지기를 그치게 되는 날
우리가 죽는다."

수도원 문앞에 큰 무리가 모여서
스승을 "향해" 찬미가를 부르며
이런 글이 쓰인 깃발을 하나 들고 있었다.
그리스도께서 대답이시다.

그 표어를 든 무뚝뚝해 보이는 사람에게로
스승이 걸어가서 말했다.
"그런데, 물음은 무엇이오?"

그 사람은 잠시 주춤했으나
얼른 정신을 되차리며 말했다.
"그리스도는 무슨 물음에 대한 대답이 아니라
우리의 문제들에 대한 대답이시지요."

"그렇다면, 문제는 무엇이오?"

나중에 스승은 제자들에게 말했다.
"그리스도가 과연 대답일진대,
그렇다면 그리스도가 뜻하는 것인즉,
문제를 만들어 내고 있는 자가 **누구**냐를,
또 어떻게를 분명히 이해하는 것이라네."

"깨침을 얻기 위해
제가 무엇을 할 수 있습니까?"
열심한 제자가 물었다.

"현실을 있는 그대로 보게."

"현실을 있는 그대로 보기 위해
무엇을 할 수 있습니까?"

스승이 빙그레 웃었다.
"자네에게 좋은 소식과 나쁜 소식이 있다네."

"나쁜 소식은 뭔데요?"

"보기 위해 자네가 할 수 있는 일이란
아무 것도 없다네 ― 그건 선물이라네."

"그리고 좋은 소식은 뭔가요?"

"보기 위해 자네가 할 수 있는 일이란
아무 것도 없다네 ― 그건 선물이라네."

인간의 문제들은 사상가적인 해결책들에
완강히 저항한다.

쓴 맛을 본 노동 개혁가가 스승을 데려다가
현대 장비로 땅 파는 광경을 보여 주며 말했다.

"저 기계가 수십 명의 일을 뺏았지요.
저걸 때려 부수고 백 명에게 삽을 들려서
저 구덩이 속으로 들어가게 해야 해요."

"그래요, 혹은 그보다도
천 명에게 차숟가락을 쥐어서 들여보내면
더욱 좋겠지요."

설교가가 단단히 작심을 하고서
하느님을 믿노라고 분명히 밝히는 말을
스승한테서 들어 내려고 했다.

"하느님이 존재한다고 믿습니까?"

"물론 믿습니다."

"그리고 그분은 만물을 창조하셨습니다. 믿습니까?"

"예, 그럼요, 믿고말고요."

"그런데 누가 하느님을 만들었습니까?"

"당신이."

설교가가 입이 딱 벌어졌다.
"내가 하느님을 만들었다고요?
진정으로 말씀하시는 겁니까?"

"당신이 노상 **생각**하고 있고 **말**하고 있는 그분 —
그럼요!"
스승은 차분하게 말했다.

사상가들의 이론들은 합리적으로 들리나
현실에 맞는 일이 없다는 간단한 이유로
스승은 사상가들을 물리쳤다.

　　　어느 사상가가 말했다.
　　　"미친 놈의 세상!
　　　부자들은 돈을 수북히 쌓아 놓고도
　　　신용 거래로 물건을 사는가 하면,
　　　땡전 한푼 없는 가난뱅이들은
　　　현금을 내야 하다니!"

　　　"그러니 어쩌면 좋겠소?"
　　　누군가가 물었다.

　　　"뒤집어 놔야지요.
　　　현금은 부자들이 내고
　　　외상은 가난한 사람들에게 줘야 해요."

　　　"하지만 가난한 사람들에게 외상을 줬다가는
　　　상점 주인 자신이 가난뱅이가 되고 말게요?"

　　　"거 좋지요!
　　　그러면 그 사람도 외상으로 살 수 있지요!"

걸핏하면 신의 존재를 옹호하거나
신의 본성을 토론하기를 일삼는가 하면
유일하게 사랑과 해방을 가져다 줄 수 있는
자기 깨달음이라는 무엇보다 중요한 일에는
등한한 사람들과 이야기하기가 스승은 신물이 났다.

신에 관하여 말해 달라는 사람들 한 무리에게
스승은 말했다.
"여러분이 추구하는 것은 한심하게도
신을 보기보다 신을 말하기입니다.
또 여러분이 보고 있는 신은
여러분이 **생각하는** 신이지 실제로 그분이 아닙니다.
신은 나타나 있습니다. 숨어 있지 않습니다.
왜 말을 합니까? 눈을 뜨고 보십시오."

나중에 덧붙였다.
"보기는 세상에서 제일 쉬운 일입니다.
여러분의 신 사상들이라는 덧문들을
걷어 올릴 필요가 있을 뿐입니다."

제자가 스승에게 말했다.
"우리는 입고 먹고 그래야 하는데 —
어떻게 하면 그 모든 것에서 벗어날까요?"

"우리는 먹는다네. 우리는 입는다네."

"못 알아듣겠는데요."

"못 알아듣겠으면
자네 옷을 입고 자네 음식을 먹게."

나중에 스승이 말했다.
"싫어하는 것을 넘어서지는 못하는 법이라네."

또 더 나중에 말했다.
"잘 장만한 음식과 잘 지은 의복을
넘어서고 싶어하는 사람들은
영성적인 정신에서 벗어나 있다네."

불행의 가장 공통된 원인은
사람들이 불행하기로 마음먹는 데 있다고
스승은 주장했다.
똑같은 상황에 있는 두 사람 가운데
하나는 행복하고 다른 하나는 비참한 것도
바로 그때문이라고.

스승의 어린 딸이 여름 야영에 가기를
선뜻 내키지 않아해 오고 있었다.
딸의 걱정거리를 덜어 주려고
스승은 우편 엽서 몇 장에다가
자기 집 주소를 적어서 딸에게 주었다.

"자, 이걸 가져가서 날마다 한 장씩
'나는 잘 있어요' 하고 적어서는
우체통에다 넣기만 하면 돼."

소녀는 생각에 잠겨 있더니 물었다.
" '비참하다' 라는 낱말은
철자가 어떻게 돼요?"

스승은 역사 연구의 큰 지지자였다.
사학도들에 대한 한 가지 불만은 그러나
역사가 주는 가장 가치있는 교훈을
일반적으로 그들은 지나쳐 버린다는 것이었다.

"예컨대?"

"예컨대, 문제들을 보는 시각 말인데,
한때는 그처럼 막중했던 문제들이
이제는 책 속에서 싸늘한 추상들에 지나지 않지요.
역사상 드라마의 인물들이
한때는 그처럼 세도가 당당하다고 생각했지만
실은 줄에 달린 꼭두각시들일 뿐이었다는 게
우리들에게는 그처럼 분명하건만
그들에게는 그처럼 가련하게도
짐작조차 못한 일이었더란 말이지요!"

"우정이라고들 부르는 게 실은 흥정이지.
'내 기대에 맞게 살아 다오,
내가 바라는 걸 다오, 그러면 너를 사랑하마,
나를 거부하면 내 사랑은 원한과 무관심으로
쓸쓸하게 변한다' 그런 것이거든."

      사무실에서 힘든 하루 일을 마치고
      아버지가 집으로 돌아왔다 — 아내와
      세 살 난 귀염둥이 딸에게로.

      "아빠에게 뽀뽀?"

      "싫어."

      "요녀석 버릇없긴. 아빠는 돈 벌어다 주려고
      종일 힘들게 일하고 왔는데, 이게 무슨 짓이야!
      자 이리 온, 뽀뽀는 어딨지?"

      세 살 귀염둥이가 아빠를 빤히 보며 말했다.
      "돈은 어딨어?"

제자 하나가 말했다.
"전 사랑을 팔아 돈을 사지는 않습니다."

스승이 말했다.
"돈을 팔아 사랑을 사는 건 나쁘지 않고?
— 더 나쁘지 않고?"

"깨친다는 것은
무슨 뜻입니까?"

"본다는 것."

"무엇을요?"

"성공의 공허함을,
성취의 허망함을,
인간 노력의 허무함을."

제자가 소름이 끼쳤다.
"하지만 그건
비관이고 절망인데요?"

"아니지. 그건
밑바닥 없는 골짜기 위로
미끄러져 날아가는 독수리의
신명이고 자유라네."

낙담한 한 제자가 자기는
불리한 조건들 때문에
삶에 속고 있다고 불평했다.

"속아?"
스승이 외쳤다.
"속다니?
주위를 둘러보게 이사람아!
의식하는 순간마다
자네에겐 터무니없이 지나치게
비싼 값이 치러지고 있다네!"

이어서 스승은 이런 이야기를 들려 주었다.

정부가 새로 건설한 고속도로가
자기 사업에 미치는 효과를 두고서
호텔 주인이 씁쓸하게 투덜거리자
한 친구가 말했다.

"여보게, 난 도무지 이해가 안 가네.
밤마다 자네 호텔 앞에는
빈 방 없음 하고 나붙어 있던데."

"그것만 보고 말할 수는 없지.
고속도로가 건설되기 전에는 날마다
삼사십 명을 돌려보내기가 예사였는데
이제는 스무 명 이상 돌려보내는 날이 없어."

스승은 덧붙였다.
"속상하기로 작정한 사람에게는
있지도 않은 손님조차 진짜 손님들이지."

그러고 보니 제자들은
이런 말을 하던 비관자가 생각났다.

"삶이 지긋지긋해요.
차라리 태어나지 않았으면 좋았을 것을."

"그렇군요."
눈을 깜빡이며 스승은 대답했더랬다.
"하지만 그만한 행운인들 어디 그리 흔하오?
만에 하나일 것을."

자주 자기 말들에
제자들의 이해력이 못 미친다는 것을
스승은 알고 있었음에 틀림없다.
그래도 그런 말들을 하노라면 언젠가는
그 말들이 그것을 들은 마음들 안에
뿌리내리고 꽃필 날이 오리라는 것도 알았다.

어느 날 스승은 말했다.

"기다리노라면 으레 시간이 길어 보인다네 —
휴가도, 시험도,
장차 있을 반가운 일도, 두려운 일도.

그러나 지금 이 순간의 경험에
과감히 자기를 내맡기는 사람들에게는 —
그 경험에 대하여 아무 생각이 없는,
거기서 돌아올 보람을 바라거나
그것을 피하려는 욕망이 없는 사람들에게는 —
시간이 **영원**의 발산으로 변형된다네."

안일한 길을 걷는 제자에게 스승은 말했다.

"삶의 평온이 자네를 파멸시키고 있네.
재난만이 자네를 구할 수 있네."

그리고 이렇게 설명했다.

"개구리를 끓는 물 냄비 속에 던져 넣어 보게.
단번에 펄쩍 뛰어 나오겠지.
아주 천천히 데우는 물 냄비 속에 넣어 보게.
긴장이 풀려서 뛸 순간이 되어도 못 뛰겠지."

정부의 고관이 말했다.
"나의 직책 수행에 충고가 될 만한 것으로
해 주실 말씀이 있습니까?"

"예, 명령하는 법을 배우십시오."

"어떻게 할까요?"

"다른 사람들이 열등감을 느끼지 않고
명령을 받아들일 수 있도록."

침묵을 어떻게 발견하느냐는 질문에
스승은 이런 이야기로 대답했다.

    어느 회사에서 식용 개구리 껍질을
    사들여 가공하기로 했다.
    한 농부가 회사에 전화를 걸어
    수요만 있다면 10만 개나 그 이상이라도
    얼마든지 공급할 수 있노라고 했다.
    회사에서 회답 전화가 왔다.
    "1차 탁송으로 5만 개를 보내 주십시오."

    두 주일 뒤에 가엾은 개구리 가죽 단 한 개가
    이런 적바림과 함께 우송되어 왔다.
    "임직원 여러분, 죄송합니다.
    이것이 이웃에 있던 개구리 가죽의 전부입니다.
    어리석게도 내가 분명히
    요란한 소리들에 놀아났군요."

나중에 스승이 말했다.
"사람들이 내는 요란한 소리들을 살펴보게.
그러고는 자신이 내고 있는 소리들을 꿰뚫어보게.
그러면 아무 것도 없음을, 텅 빈 것을 발견할 것이네 ―
그리고 **침묵**을."

"**제** 삶은 부서진 유리와 같습니다."
손님이 말했다.
"저의 영혼은 악에 찌들었습니다.
제게도 무슨 희망이 있을까요?"

"예." 스승이 말했다.
"부서진 조각마다 다시 붙이고
얼룩진 데마다 깨끗이 지우는 그런 게 있지요."

"뭔데요?"

"용서."

"누구를 용서할까요?"

"누구나:
삶을,
하느님을,
이웃을
— 특별히 자신을."

"어떻게 그게 실행됩니까?"

"탓해야 할 이는 아무도 없다는 것을 이해함으로써.
아무도."

참 종교는 사회적인 일이 아니라는 말을 듣고
사람들이 분개하자 스승은 이야기했다.

   새끼 북극 곰이 어미 곰에게 물었다.
   "엄마, 아빠도 북극 곰이었어?"

   "그럼, 북극 곰이셨고말고."

   잠시 뒤,
   "말해 줘, 엄마,
   할아버지도 북극 곰이었어?"

   "그래, 할아버지도 북극 곰이셨단다."

   "증조 할아버지는? 역시 북극 곰?"

   "그래, 그렇단다. 그건 왜 묻지?"

   "추워 얼어죽을 것 같아서."

스승은 결론지었다.
"종교는 사회적인 일도 아니요
물려받는 일도 아닙니다.
각자 자신에게 절실한 일입니다."

"**실**존의 의미를 찾고 있습니다."
낯선이가 스승에게 말했다.

"실존이 의미가 있다고 물론 가정하시는군요."

"그렇지 않습니까?"

"실존을 있는 그대로
— **생각**하시는 대로가 아니고 —
경험하신다면
그런 질문은 의미가 없다는 걸
발견하실 겁니다."

"사회적 해방 같은
그런 건 없나요?"

"있고말고."

"말하자면 어떤 건가요?"

"곤궁에서 벗어나
무리에 속하는 것."

감방으로 자유 투사를 찾아간 스승이 말했다.
"여보게, 내일 자넨 씩씩하게 집행을 맞이하겠지.
다만 한 가지, 기쁜 마음으로 죽음과 만나기에는
자네 마음에 걸릴 것이 있다네."

"그게 뭔데요?"

"자네 공적이 기억되리라는 소망. 미래 세대들이
자네의 영웅적인 행위들을 기리리라는 욕망."

"그게 어디 잘못된 데라도 있습니까?"

"후손들이 기억한다 하더라도
자네 행동들을 갖다 붙일 곳은 자네가 아니라
자네 **이름**이라는, 그런 생각이 들어 본 적 없나?"

"둘이 똑같은 것 아닙니까?"

"아, 아닐세, 이사람아! 자네 이름은
대답하라고 부르는 소리, 자네에게 붙인 딱지지.
자네는 누구인가?"

그것이 그 사나이가 바로 그날 밤에
"죽을" 필요가 있는 모든 것이었다 ―
새벽에 총살 처형대가 부르러 오기 전까지도.

처형된 사나이와 대화한 스승의 말이
제자들에게까지 새어 나왔다.

"아무리, 한 사람의 이름이
한낱 소리보다 중요한 것이 아닐 리야."

대꾸 삼아 스승이 제자들에게 들려 준 이야기:

    거리의 행상인이던 이가
    백만장자가 된 것까지는 좋았는데,
    다만 한가지, 수표에 서명을 할 때에는
    이름 글자 대신에 십자표 둘을
    표시하기로 하겠다는 것이었으니,
    일자 무식인 까닭이었다.

    어느 날 은행가가 한 수표에
    십자표 셋이 적힌 것을 보고 놀랐다.

    "마누라 때문이죠."
    백만장자가 설명하노라는 말이었다.
    "마누라가 사회적인 야망이 있거든요.
    가운데 이름도 적어야 명사답다더군요.
    거기 서명란에 적힌 두번째 십자표는
    내 가운데 이름을 표시한 것입니다."

제자들이 강 둑에 앉아 있었다.

"제가 이 둑에서 떨어지면 빠져 죽을까요?"
한 제자가 물었다.

"아니."
스승이 말했다.
"자네가 빠져 죽는 원인이 되는 건
떨어지는 것이 아니거든.
그 안에 머물러 있는 것이지."

모기는 걸러내고 낙타는 삼키는 사람들이라는
예수의 표상을 해설할 때 스승이 들려 준 경험담:

전쟁 때 어느 날 맹렬한 공습중에
수도원 지하실에다가 사람들을 모두
모아들여 놓아 빽빽히들 앉아 있었는데,
온 종일 주위에 폭탄이 떨어지고 있었다.

저녁이 오자 두 사람이 더는 못 참고 말았다.
"어이구 지겨워. 폭탄이 떨어지거나 말거나
우린 집에 갈래요."

두 사람은 나갔는데 —
3분 뒤에 지하실로 되돌아왔다.

"생각들을 바꿨나보군."
스승이 빙그레 웃었다.

"그래요."
짜증난 대답이었다.
"비가 오기 시작했다구요."

"**참** 즐거워 보이시네요."
손님이 스승을 가리켰다.

제자가 말했다.
"사람이 에고라는 짐을 벗어 던졌을 때는
으레 발걸음이 즐거워지지요."

현대 기술이 달성한 업적들을
어찌 생각하느냐는 질문을 받고
스승이 들려 준 이야기:

        건망증 있는 교수가 강의에 늦게 되어
        택시에 뛰어 오르며 외쳤다.
        "어서 갑시다! 최고 속력으로!"

        택시가 질주를 하고 있는데 교수는
        기사에게 갈 데를 일러 주지 않았다는 걸
        알아차리고는 또 외쳤다.
        "내가 어디로 가려는지를 아시오?"

        "아뇨, 모릅니다만,
        될 수 있는 대로 빨리 달리고 있습죠."

수많은 친구들과 옛 제자들이
스승의 90회 생신을 경축하러 모였다.

잔치가 끝나기 전에 스승이 일어나 말했다.

"사람의 일생을 평가하는 것은
삶의 질이지
살아 온 날 수가 아닙니다."

정부의 핵폭탄 제조에 항의하려고
대규모 집회가 열렸을 때
스승과 제자들도 군중 속에서 눈에 띄었다.

"폭탄들이 사람들을 죽입니다!"
연사의 이 말에 큰 갈채가 호응했다.
스승은 머리를 저으며 중얼거렸다.
"옳은 말이 아닌데.
사람들이 사람들을 죽이지!"

옆 사람이 들은 것을 알아차리고
스승은 돌아보며 말했다.
"말을 고치겠습니다.
관념들이 사람들을 죽이지요."

수도원 도서실에다가 스승은
있음직한 모든 주제에 관한 책들을
잘 갖추어 놓았다 — **정치 · 건축 · 철학 · 시 ·
농업 · 역사 · 과학 · 심리학 · 미술** … 그리고
스승 자신이 가장 애용하는 부문인 **소설**.

"**생각, 생각, 생각**하지 않는 사람들로부터
하느님이 우리를 구해 주시기를."
후렴처럼 스승은 되뇌이는 것이었다.

외곬으로 치닫는 정신,
한 책에만 빠지는 광증보다
더 두려운 것은 없다는 것이었다.

이것이 제자들을 얼떨떨하게 했다.
스승의 가르침이 주로 머무는 곳인
비사고적 지각, 비개념적 깨달음하고는
하도 어울리지 않았던 것이다.

직접 질문을 받자
스승의 아리송한 대답인즉,
"한 가시를 빼내는 데
다른 가시를 쓸 수도 있잖을까?"

수도원 도서실에다가 스승은
큼직한 해골 그림 아래
주의 표지를 써 붙여 놓았다.
책들은 죽인다.

"왜요?"
누군가가 알고 싶어했다.

"책들은 관념들을 품고 있는데
관념들이란 신조들로 얼어붙을 수 있고
그래서 정신을 굳어지게 하고
실재를 뒤틀리게 지각하도록 하는
장본이 될 수도 있으니까."

자기가 좋아하는 신조들을
걸핏하면 모조리 때려눕혀 버리신다며
제자가 불평을 털어놓자
스승이 말했다.

"난 자네 신조들의 성전에다 불을 지른다네.
그 성전이 타서 허물어지면
끝난 데 없이 넓디넓은 하늘이
막힌 데 없이 시원하게 보일 걸세."

지팡이를 짚고서 발을 질질 끌며 걷고 있는
매우 나이 많은 이웃 노인을 만나자
스승이 인사를 했다.

"안녕하십니까.
요즘은 어떻게 지내십니까?"

"잘 지내질 못한다오."
노인이 가냘픈 목소리로 말했다.
"전에는 아침마다 식전에 이 구역을
한 바퀴씩 돌아서 걸어오곤 했는데,
이제는 어찌나 힘이 부치는지
반 바퀴까지밖에 못 갔다가는
되돌아서서 와야 한다오."

깨달음을 스승은 예배 이상으로 강조했다.

"하지만 우리는 하느님께 의존해야지 않습니까?"

"사랑하는 이는
사랑받는 이에게 좋은 일을 바라시는데 —
그러자면 무엇보다도
사랑받는 이가 **사랑하는 이**에게서
해방될 필요가 있다네."

나중에 스승은 하느님과 신봉자가 대화하는
한 상상극을 연출했다.

>   신봉자: 저에게서 떠나지 마소서, 하느님.

>   하느님: 성령이 오게 하려고 나는 가느니라.

>   신봉자: 성령이란 무엇입니까?

>   하느님: 의존하지 않는 데서 오는
>   　　　　두려움 없는 자유이니라.

한번은 스승이 땅 차지 욕심에 사로잡혔던 시골 이웃 사람 이야기를 했다.

"땅이 더 있었으면 좋으련만."

"왜요? 이미 넉넉하지 않소?"

"땅이 더 있으면 소를 더 기를 수 있겠지요."

"그래서 뭘 하려고요?"

"팔아서 돈을 벌지요."

"그 돈으로는?"

"땅을 더 사서 소를 많이 기르고 …"

설교가가 스승과 함께 앉아
하느님께 의존하는 일을 화제로 삼았다.

"하느님은 우리 아버지이시고
우리는 하느님의 도우심이
필요하지 않을 적이 없지요."

"어린 자식을 아버지가 도와 주면
모두들 흐뭇해하지요.
다 큰 자식을 아버지가 도와 주면
모두들 안쓰러워하지요!"

가족 계획에 대해 스승의 견해는 매우 단호했다.
가족의 크기는 부모들의 사사로운 관심사라거나
한 나라의 내정 문제라고 주장하는 모든 이에게
들려 주고 싶은 스승의 이야기인즉 이런 비유였다.

한번은 어느 나라에서
누구나가 자기 소유의 핵폭탄을
개발하고 취득할 수 있게 되었는데 —
수류탄 만한 작은 것이지만
온 도시를 폭파할 만큼 위력이 큰 것이었다.

그런 폭발물의 시민 사유권을 두고
신랄한 논쟁이 일어났는데 —
마침내 다음과 같은 타협에 이르렀다.

"누구든지 면허 없이 핵폭탄을
공공 장소에서 휴대해서는 안 된다.
다만, 각자의 가정에서 어떻게 다룰지는
각자의 사사로운 소관사이다."

성생활 잡지들이 점점 많이 나오는 현상을
누군가가 이야기하자 스승은 말했다.

"애석한 일이야.
성에 관한 일이란 실은
더 많이 읽을수록 더 적게 알게 된다고
말할 수 있지."

나중에 덧붙였다.
"더 적게 즐기게 되고."

"**현**대 세계는 점점 더 심하게
성적 아노렉시아anorexia 증세를 앓고 있습니다."
정신의학자가 말했다.

"그게 무슨 말이오?"

"성욕 상실."

"고약한 일이로군!
그 치료 방법은 무엇이오?"

"우리는 모릅니다. 아십니까?"

"알 성싶구려."

"뭔데요?"

"성을 다시 은밀한 표지로 삼는 것."
스승이 개구쟁이처럼 씽긋했다.

정신요법의 실행을 스승은 반대하지 않을 뿐더러
더러 사람들에게 필요하다고까지 주장하는가 하면,
정신요법가는 그저 안도감을 가져다 줄 뿐,
정작 문제를 해결하지는 못한다는 의견도
숨기지 않았다 —
문제를 또 다른 더 편안한 문제로 바꿀 따름이라고.

스승은 전쟁 후에 어느 날 버스를 탔다가
어리둥절했던 일을 회상했다.

　　　　　한 승객이 신문지로 싼 묵직한 물건을
　　　　　안고 앉아 있는 것이 보였다.

　　　　　"무릎 위에 있는 그게 뭐요?"
　　　　　버스 운전사가 물었다.

　　　　　"불발탄.
　　　　　소방서로 가져가는 중이죠."

　　　　　"맙소사, 이런 사람 봤나!
　　　　　설마 그런 걸 안고 가고 싶진 않겠죠!
　　　　　자리 밑에다 내려 놔요!"

선거 날이면 으레 스승이
투표소에 나타나는 첫 사람이었다.

제자들마저 더러가
투표권을 행사하지 못하고 마는 까닭을
스승은 도무지 이해할 수 없었다.

"사람들은 세금 바칠 각오가 돼 있고
민주주의를 위해 피를 흘리면서도,
어째서 투표하는 수고를 마다하고
할 일로 삼지 않을꼬?"

사람들이 다른 사람들을 바라보는 방법에 관해
스승에게는 결혼 직후에 얼마 동안
한 도시 아파트 10층에 살았을 적의
이런 얘깃거리가 있었다.

하루는 새색시가 욕실에서 나서면서
수건을 집으려다가, 온몸이 오싹했다.
거기 창밖에서 유리 닦는 이가
자기를 바라보고 있었던 것이다.
어찌나 놀랐던지 새색시는 우두커니,
바닥에 뿌리라도 내린 듯 한참 동안
꼼짝도 못하고 있었다.

창밖의 사나이가 주술을 풀었다.
"왜 그러세요, 부인?
유리 닦는 사람을 본 적이 없어요?"

첫 아이가 태어나자 스승은
아무리 보아도 차라리 모자란다는 듯
아기를 바라보고 있었다.

"자라서 무엇이 되기를 바라십니까?"
누군가가 물었다.

"기막히게 행복한 사람."

"**축**하해 주십시오!"

"무슨 일로?"

"드디어 진취성이 탁월하게 기약되는
직업을 하나 찾았거든요."

스승은 졸음이 오는 듯했다.
"어제도 몽유병자이더니
오늘도 몽유하고 있고
죽을 때까지 몽유할 작정이로군.
그따위가 무슨 진취성이람?"

"경제적 진취성 말이었죠.
영적 진취성이 아니구요."

"아하, 그래!
깨어나 즐기지는 않는 은행 예금을 가진
그런 몽유병자로군!"

깨침에 관해 질문을 받고 스승은
깨어남이라고 했다.

"바로 지금 자네들은 잠들어 있고
그걸 모르고 있다네."

그러고는 이런 이야기를 들려 주었다.

> 시집간 지 얼마 안 되는 새색시가
> 신랑의 술 마시는 버릇을 불평하자
> 친구가 물었다.
>
> "술 마시는 줄 알면서 결혼은 왜 했니?"
>
> "술 마시는 줄은 생각도 못했어 ―
> 어느 날 밤 그이가
> 멀쩡한 정신으로 집에 왔을 때까지는!"

예수는 공중의 새들과 들판의 꽃들을
인간들이 닮을 본보기로 세워 놓았다.
스승도 그랬다.
자주 들려 준, 이웃 부자에게서 받은 편지:

"스승님,
다름 아니오라,
제가 기증하여 수도원 뜰에 설치한
새들의 욕조浴槽 말씀인데,
참새들이 그걸 사용해서는 안 된다고
알려 드리고자 이 편지를 올립니다."

손님이 자기 종교를 설명하던 중이었다.

"우리는 하느님의 선민이라고 믿고 있습니다."

"그게 무슨 뜻인데요?"

"지상의 만민 중에서 우리를
하느님이 선택하셨다는 뜻이지요."

"지상의 만민 중에서 누가
그런 발견을 했는지 알 만하구려."
냉담하게 스승이 말했다.

"우리 종교가 선포하는
기쁜 소식(복음)을 설명해 드리지요."
설교가가 말했다.

스승은 바짝 귀를 기울였다.

"하느님은 사랑이십니다.
그래서 그분은 우리를 사랑하시고
만일 우리가 그분 계명들을 지킨다면
우리에게 영원히 보답해 주십니다."

"만일?
그렇다면 그다지 기쁜 소식도 아니잖소?"

성서들을 싼 소포가 우체국에 도착했는데
시원찮은 포장이 툭 터지는 바람에,
가죽 표지로 양장 제본을 하고
모서리에 금칠을 한 예쁜 책들이
온 마루 바닥에 흩어졌다.

우체국 직원 하나가 유혹에 못 이겨
한 권을 슬쩍했다.

나중에 이 일을 고백하자 스승이 말했다.
"세상에, 성서를 훔치다니,
어떻게 그런 생각이 들었을꼬?"

"저의 종교적 성향 탓이지요."
그 사람은 후회하며 말했다.

"죽은 뒤의 삶이란 없다고
주장하는 사람들도 더러 있는데요."
한 제자가 말했다.

"그래?"
스승은 어정쩡했다.

"그렇다면 죽는다는 건
끔찍한 노릇 아니겠어요?
다시는 보지도 듣지도 못하고
사랑하지도 움직이지도 못하잖아요?"

"그게 끔찍하다고?
대부분의 사람들은
죽기 전에도 바로 그런 꼴인 걸."

작심을 하고서 더 직접적으로
한 여제자가 다가들었다.

"죽은 뒤의 삶을 믿으세요?"

"이상한 일이로군 —
그런 화제를 그처럼들 붙들고 늘어지다니!"

"그게 왜 이상하다고 생각하세요?"

"여기 바로 자네들 앞에
이렇게 화사한 사월이 있거늘 —"
창문 쪽을 가리키며 스승이 말했다.
"내일 뭘 먹게 될지 모르겠다고 해서
오늘 먹지 않겠다고 보채는 어린 아이 같거든.
자네들은 굶어죽어 가고 있다네.
나날이 먹을 것을 먹게들!"

존경하는 물라(이슬람 스승) 나스룻딘의 이야기들로
종종 스승은 손님들을 대접했다.

　　　나스룻딘이 잠자리에서 뒤척이고 있어서
　　　부인이 지청구를 했다.
　　　"왜 그래요? 어서 잠이나 자질 않고!"

　　　이웃 압둘라에게 빚진 은전 일곱 냥을 내일 갚아야겠는데
　　　돈은 없고 하도 걱정이 되어서 잠이 안 온다고
　　　물라가 털어놓았다.

　　　부인은 곧장 일어나 목도리를 두르고 길을 건너가서는
　　　"압둘라! 압둘라!" 하고 줄곧 소리쳐 불렀는데,
　　　이윽고 압둘라 노인이 창문에 나타나더니
　　　자다가 덜 깬 눈을 부비며 물었다.
　　　"왜 그러시오? 이 밤중에 웬일이오?"

　　　부인이 소리쳤다.
　　　"은전 일곱 냥을 내일 받으실 건지만 알고 싶어요.
　　　우리 집 양반은 돈이 없대요."

　　　그러고는 집으로 돌아와서 말했다.
　　　"자세요, 여보. 이제 걱정은 압둘라가 할 수 있어요."

스승은 결론지었다.
"누군가가 빚을 갚아야 하는데, 누군가가 걱정을 해야 하나요?"

곡식을 보호하려고 농부들이
수없이 많은 새들을 죽였다.

새들의 시체가 온 데 흩어진 것을 보고
한 제자가 예수의 말씀을 상기했다.

"이 새들 가운데 한 마리라도
너희 아버지 하느님의 허락이 없이는
땅에 떨어지지 않느니라."

그리고 이 문장이 무슨 뜻이 있는지
스승에게 물었다.

"암, 있지. 하지만,
수많은 사람들이 이 새들을 번식시켜 놓고는
전염병처럼 여겨 살육해 버린다는 사실을
배경으로 해서 바라보고서야 비로소
그 안에 숨은 아름다운 뜻이 드러난다네."

"**구**체적으로 무엇이 깨침입니까?"

"실상을 있는 그대로 보는 것."

"누구나 실상을 있는 그대로 보지 않습니까?"

"천만에! 대부분의 사람들이
자기가 생각하는 그대로 보고 있다네."

"무엇이 다릅니까?"

"폭풍이 몰아치는 바다에서
빠져죽고 있다고
생각하고 있는 것하고 —
아무리 멀리까지 둘러보아도
물이라곤 보이지 않으니
빠져죽을 리 없다고
알고 있는 것하고 —
그만큼이나 다르지."

정신의학자가 스승을 찾아왔다.

"노이로제 환자는 어떻게 다루십니까?"

"해방시키지요."

"어떻게?"

"문제를 풀어 주기보다는
그 장본인 에고를 녹여 주지요."

"어떻게 하면 저 자신도
그렇게 할 수 있을까요?"

"생각들이라는 감옥에서 나와서
감각들의 세계로 들어가십시오."

기쁜 소식이라는 주제로
설교가가 되돌아가자
스승이 끼어들었다.

"지옥 가기는 그처럼 쉽고
천당 가기는 그처럼 어렵다는
그게 무슨 기쁜 소식이오?"

신에 대한 만족할 만한 상징이란
아예 없다는 사실을 얘기하고자
스승이 들려 준 예화:

    한번은 스승의 부인이
    혼잡한 번화가를 통해
    자동차를 몰고 가다가
    마주 오던 차와 부딪쳤다.

    그 운전자가 차창을 내리고는
    야단을 쳤다.
    "이보시오, 부인,
    뭘 하려는지 신호를 했어야지요!"

    부인이 톡 쏘아 맞받았다.
    "내가 하려 했던 것에 맞는
    그런 신호는 없다구요!"

설교가가 앞에 와 앉아서 뽐내며
자기 신조들이랑 선행들이랑을
늘어놓는 것을 보고 있다가 스승이 말했다.

"이보시오, 난 더러 이런 느낌이 든다오 —
당신이 죽을 날이 오면
한번 살아 보지도 못한 채 죽을 거라고 —
삶이 당신을 스쳐가 버린 것 같을 거라고."

그러고는 뒤미처 생각난 듯 덧붙였다.

"아니, 그보다 더 나쁘지 —
삶과 당신이 반대 방향으로 가 버렸을 거라고."

확실히 스승은 세상 돌아가는 일에
낯선 사람이 아니었다.

스승이 좋아하는 격언 가운데

   좋고 나쁜 것은 생각하기 나름이다

라는 말을 설명해 달라고 하자
스승의 말인즉 이러했다.

"눈여겨들 살펴본 일 있나 —
열차 안에서는 '북새통'이라는 그게
나이트 클럽에서는 '분위기'로 둔갑하는 걸?"

같은 격언을 설명하며 또 어느 날 들려 준 예화:

유명한 정치가인 아버지가
반대 당으로 건너간 당원을
신랄하게 비난하는 소리를
어린 아들이 듣게 되었다.

"그렇지만 아버지, 지난번에
반대 당을 버리고 나와서
아버지 당으로 들어온 사람에게는
온갖 칭찬을 다 하셨잖아요."

"그래, 이녀석,
너도 일찌감치 배워 두는 게 좋겠군.
이건 중요한 인생 진리니까 ―
다른 편으로 건너가는 자는 배신자,
우리 편으로 넘어오는 이는 회심자."

"깨침의 나라에서는 배움이란
현대 전쟁에서 몽둥이만큼이나 쓸모없다네.
여기서 필요한 것은 깨달음이라네."

이어서 스승이 소개한 어느 여제자 이야기:

   그 여제자가 라트비아 난민 소녀를
   가정부로 고용해 놓고 보니,
   진공 소제기를 밀고 다닐 줄을 아나,
   믹서나 세탁기를 돌릴 줄을 아나,
   한심한 노릇이었다.

   "할 수 있는 건 뭐니?"
   절망한 나머지 물어나 보자 했다.

   소녀는 자랑스러운 듯 방실 웃었다.
   "순록 젖을 짤 수 있어요."

"저의 문제를 해결하는 데는
얼마나 걸릴까요?"

"그걸 이해하는 데 걸리는 시간보다
1분도 더 안 걸릴 걸세."

설교가는 예사스런 사람이 아니었다.
사람들이 그를 보면 벌벌 떨었다.
웃는 일이 없었고, 스스로 벌하는 고통을 믿기에
끈질기게 극기를 수행하고 있었다.
자주 단식하고 겨울에 얇은 옷 입기로도 이름났다.

그런 그가 하루는 스승에게 숨은 고통을 털어놓았다.
"저는 금욕의 일생을 살아 왔고
제가 믿는 종교의 계율들을 충실히 지켰습니다.
그러나 그래도 뭔가 모자라는 게 있기는 있는데
그게 무엇인지 저는 찾아 낼 수가 없습니다.
찾아 내실 수 있습니까?"

스승이 그를 바라보았다 — 아주 냉엄하게.
"그렇소. **혼**이오."

영리함이 왜 깨침에는 장애물인지 알아야겠다는
철학자에게 스승이 들려 준 이야기:

   비행기에 승객은 세 사람만 있었다 —
   정부 수뇌부 인사와 소년단원과 주교.
   비행기 엔진에 고장이 났는데
   기장이 비상 탈출 계획을 알리기를,
   낙하산이 셋뿐인데 하나는 자기가 쓰겠으니
   다른 이들은 누가 구조되겠는지를
   결정해야겠다는 것이었다.

   수뇌부 인사가 말했다.
   "나야 나라에 필요한 사람이니까 당연하지."
   그러면서 낙하산 하나를 거머잡고는
   냉큼 먼저 뛰어 내려 버렸다.

   주교가 소년을 보고 말했다.
   "애야, 나는 오래 살았으니
   나머지 낙하산은 네가 가져야 제격이겠구나.
   나는 죽을 각오가 되어 있단다."

   "그러실 필요 없어요, 주교님.
   여기 낙하산 두 개가 있는 걸요.
   방금 그분은 제 배낭을 갖고 뛰어 내렸죠."

  스승은 덧붙였다
  "영리함에는 보통 깨달음의 여지가 없지요."

손님들은 스승의 한가한 태도에
어리둥절해지기 십상이었다.

"난 지금 서두를 시간이 없다오."
그러곤 하는 바람에.

"**성**탄절 축하 인사 안해 주시렵니까?"

스승은 달력을 쳐다보았는데,
보니 그 날은 목요일이었다.
"난 목요일을 축하해 주고 싶은 마음이
차라리 훨씬 간절하다네."

이 말에 수도원 안에 있던
그리스도인들은 속이 상했다 —
스승이 설명해 주기까지는.

"수백만이 **오늘**이 아니라 성탄절을 즐기지 —
그래서 그들의 즐거움은 잠깐이거든.
하지만 **오늘**을 즐길 줄 알게 된 사람들에게는
날마다 성탄절이라네."

자기들이 벌일 활동 계획에 축복해 달라고 찾아온
사회활동가 단체에게 스승이 말했다.

"여러분에게 필요한 것은
빛이지 행동이 아닌 것 같소."

나중에 설명했다.
"활동으로 악과 싸우는 것은
손으로 어둠과 싸우는 것과 같소.
그러니 여러분에게 필요한 것은
빛이지 싸움이 아니오."

애국심이나 민족주의 관념을
스승이 진지하게 받아들이게 한다는 것은
아예 어림도 없는 일이었다.

한번은 이런 이야기를 했다.

영국인이 미국 시민이 되었다고
친척이 나무랐다.
"미국인이 되어 얻은 게 뭐냐?"

"글쎄요, 한 가지는 있죠 —
미국 독립 전쟁의 승리."

한번은 스승이 종교의 위험이라는 주제로
연설을 했는데, 여러 가지 가운데서도 특별히,
종교인들은 너무나 쉽사리 신을 이용하여
좀스러운 자기 추구를 감춘다는 점을 강조했다.

이것이 날카로운 반발을 불러일으켰는데 —
좋이 백 명이나 되는 종교 지도자들이
스승의 말을 논박하는 글들이 실린
책의 형태로까지 나타났다.

그 책을 보자 스승은 씽긋 웃었다.
"내가 한 말이 틀렸던들
글 하나만이면 넉넉했을 것을."

대중 집회에서
감동적인 정치 연설을 하고 난 제자가
자기 연설을 어떻게 생각하느냐고 묻자
스승은 말했다.

"하는 말이 참말이라면
고함을 지를 필요가 어디 있을꼬?"

또 나중에 모든 제자들에게는,

"반대자들의 온갖 공격보다는
옹호자들의 열 때문에
진리가 더 큰 몸살을 앓지."

한번은 스승이 다음과 같은 방법으로
제자들의 본색이 드러나게 했다.
종이 한 장씩을 나누어 주고는
그들이 들어와 있던 방의 길이를
적어 내어 보라는 것이었다.

거의 누구나가 15피트 같은
뚜렷한 숫자를 적었다.
두엇이 "쯤"이라는 꼬리를 달아 놓았고.

"정답을 적은 사람은 아무도 없군."

"정답은 뭔데요?"

"정답은,
나는 모른다."

경쟁의 악덕들을 스승이 탄식하자
제자들이 물었다.

"경쟁 덕택에 우리가
최선을 다하게 되지 않습니까?"

"경쟁은 최악을 낳는다네 —
미워하도록 가르치니까."

"무엇을 미워해요?"

"자기 자신을 미워하게 되지 —
자기 자신의 필요와 한계가 아니라 경쟁자가
자기 행동을 결정짓도록 허용하자니까.
다른 사람들을 미워하게 되지 —
다른 사람들을 희생시켜 앞서 가려 하니까."

"하지만 경쟁이 없어진다면
변화와 진보는 죽었다는 조종이 울릴 걸요."

"진짜 진보는 오직 하나, 사랑의 진보라네.
값진 변화는 오직 하나, 마음의 변화라네."

"왜 더 많은 사람들이 깨침을 얻지 못할까요?"

"실은 이득인 것을 손실이라고 보는 까닭이지."

스승의 한 친지가 벌인 사업이 번창하여
고객들이 끊임없이 몰려들었다.

"참 장사를 잘 하시는구려."
스승이 지나던 길에 들러 축하해 주자
그는 탄식을 했다.

"현실적으로 사태를 직시하셔야지요.
저 앞문들을 좀 보십시오.
저렇게도 많은 사람들이
줄곧 밀고 들락날락하다가는
돌쩌귀를 곧 갈아야 할 겁니다."

삶의 아픔에서 달아나 돈벌이로 들어간
장사꾼에게 스승이 말했다.

"어떤 사람이 자기 발자국들이 두려웠더랍니다.
그래서 걷는 대신에 달리기로 했는데 —
발자국들이 도리어 늘어나기만 할 밖에요.
그 사람에게 필요한 것은 멈추는 것이었지요."

"**괴**로워 견딜 수가 없습니다."

"지금 이 순간이
견딜 수 없는 일이란 없다네.
혹은 5분 후에 혹은 닷새 뒤에
오리라고 생각하는 그것이
절망으로 몰아가고 있는 걸세.
미래 속에 살기를 멈추게."

자기 자신을 위해서는
어떤 종류의 장례를 바라는지를
제자들이 묻자 스승은 말했다.

"내 몸을 황무지 어디에다 갖다 버리되
무덤을 파는 수고들일랑은 말고
그래서 땅과 하늘이 내 관이 되고
달과 별이 내 조등들이 되며
만물이 내 조화들이 되게 해 주게."

"차라리 화장이 낫지 않을까요?"

"뭣하러 그런 지나친 수고들을 해?
또, 솔개들과 개미들이 즐길
장례 잔치 음식을 왜 뺏어?"

신학 박사가 되어
인사차 들렀다는 이에게
썩 짓궂은 데가 있는
스승이 말했다.

"**신학** 박사라?
그건 어떤 병이오?"

보통으로들 알아듣는 대로의
"신학"이라는 낱말을
스승이 별로 쓰지 않는다는 것은
잘 알려진 사실이었다.

그 허점에 대한 질문을 받자 그는 말했다.

"신학은 한 악덕이 되었지 —
진리를 탐구하기보다는
신조 체계를 유지하는 것이니까."

신조 체계에 충성하는 신학자들은
진리를 향하여 맹목인 경향이 너무 심하다고
스승은 주장했다 —
그래서 메시아가 나타나면 배격한다고.

철학자들은 손놀림이 나은 편이라고.
신조들에 얽매이지 않아서
탐구가 더 열려 있다고.

그러나 철학조차 딱하게도 한계가 있으니,
개념화하지 않는 정신으로만
감지할 수 있는 실재를
말과 개념들에 의존해서
꿰뚫으려 하기 때문이라고.

이렇게 지적한 일도 있다.

"철학은 깨침으로만 치유되는 병이지.
철학병이 물러나면
비유들과 침묵이 들어서게 되지."

"부자가 하느님 나라에 들어가기가
어째서 그처럼 어렵습니까?"

그 대답으로 스승이 들려 준 이야기:

> 리무진을 타고 호텔에 도착한 사람이
> 들것에 실려 자기 방으로 가고 있었다.
>
> 불구자인가보다고 생각하며
> 호텔 매니저가 그의 부인에게
> 어찌된 일이냐고 물었더니
> 대답인즉 이러했다.
>
> "아주 큰 부자이시거든요.
> 걸어다니실 필요가 없죠."

제자들이 스승을 위해
이런 비문을 고안해 놓았다고 했다.

이분이 계실 적에는
두려움 없기가
한결 쉬웠다.

스승은 말했다.

"내가 있어야 두려움이 덜했다면
내가 있었다는 것은 그저
자네들의 겁을 감추기나 했을 뿐,
그걸 치유하는 구실은 못한 게로구나."

이채로운 장미들이 가득한 수도원 덤불숲을
정부의 고관이 보러 오겠다는 전갈이 왔다.

고관이 수도원 뜰에 이르러 보니
덤불숲에 장미라고는 한 송이밖에 없었다.
스승이 다른 장미를 다 꺾게 했다는 것을 알게 된
고관이 까닭을 알아야겠다고 하자 스승이 말했다.

"그대로 두었더라면
한 송이도 못 보셨을 테니까요."

그러고는 뜸을 들였다가 덧붙였다.
"수많은 사람들에 이골이 나셨겠지요.
마지막으로 한 사람을 보신 게 언젭니까?"

"신의 일에 다다르려면
무엇을 해야 합니까?"

"신의 일이란
행함으로써 다다르는 것이 아니고
봄으로써 알아차리는 것일세."

"그럼 행함의 구실은 무엇입니까?"

"신의 일을 나타내는 것이지.
다다르는 것이 아니고."

오늘날 잘사는 나라 사람들의 태도를 가리켜
스승이 들려 준 예화:

> 남편이 잠에서 깬다.
> 아내가 옆구리를 찌르는 까닭이다.
> "일어나 창문 좀 안 닫고 뭘해요.
> 바깥이 몹시 추워지고 있다구요."
>
> 남편이 하품을 한다.
> "제기랄, 지청구는!
> 내가 창문을 닫는다고
> 바깥이 따뜻해진답디까?"

한정된 시기 동안만 스승은
제자들이 자기와 함께 살도록 허용하고는
스스로 꾸려 나가도록 밀어내어 보냈다.

이런 스승의 관행에 대해 한 신입생이
한 제자에게 물었다가 얻은 대답인즉 이러했다.

"스승은 실재와 당신을 되비추는 거울이지요.
일단 당신이 실재를 보았으면
거울은 팽개쳐져야 하는 것이지요 —
당신의 우러러봄으로 인해서
영사막으로 둔갑하는 일이 없도록."

"어떻게 제가 제 자신을
변화시킬 수 있을까요?"

"자네는 자네 자신일세 — 그러니,
자네가 자네 발을 떠나 걸어갈 수 없듯이
자네가 **자네 자신**을 변화시킬 수는 없다네."

"그러면 제가 할 수 있는 것은
아무 것도 없습니까?"

"이해하고 받아들일 수 있지."

"제가 제 자신을 받아들인다면
어떻게 제가 변하겠습니까?"

"자네가 자네 자신을 받아들이지 않는다면
어떻게 자네가 변하겠나?
자네가 받아들이지 않는 것은
자네가 **변화**시키지 못하고
고작 **억압**해 낼 뿐이지."

사랑의 아름다움에 열광하는 여자에게 스승은
나스룻딘이 죽어 가는 아내를 위로하려고
온가지로 애쓴 이야기를 들려 주었다.

나스룻딘의 부인이 눈을 떴다.
"오늘 밤이 마지막인 게 분명해요.
다시는 해를 못 볼 거예요.
여보, 내가 죽으면 어떻게 하시려우?"

"날더러 어떻게 하겠느냐고?
난 미치고 말 거요."

중태인데도 부인은 웃음을 누를 수 없었다.
"흥, 교활한 양반. 난 당신을 알아요.
내가 죽고 나면 한 달도 못 가서
재혼 않고는 못 배길 걸요."

"무슨 소리요?"
나스룻딘은 분개했다.
"물론 난 미칠 거요 — 하지만,
그렇게까지 미치지는 않을 거요."

일분 헛소리 247

"왜 저는 악한 짓을 할까요?"

"홀려 있으니까."

"무엇에요?"

"자네가 자네 자신이라고 부르는 허깨비에."

"그럼 어떻게 하면 악이 그칠까요?"

"자네가 알고 있는 그런 자기는
존재하지 않는다는 것을 이해함으로써 —
그러니 그걸 보호할 필요는 없다는 것을."

"**악**의 원인은 무엇입니까?"

"무지몽매."

"어떻게 몰아냅니까?"

"노력이 아니라 빛으로.
행동으로가 아니라 이해함으로써."

나중에 스승은 덧붙였다.
"깨침의 표지는 평화라네 —
두려움이 지어낸 환상들에
쫓기고 있을 뿐이라는 걸 직시할 때
달아나기를 멈춘다네."

사랑이라고들 예사로 부르는 것에 대해
스승에게는 환상이 없었다.
어느 정치가와 그의 친구가 나누던 대화를
젊어서 주워들었던 일을 스승은 회상했다.

"오는 선거에 우리 부총재가 자네와 맞서
출마할 계획이라는 걸 알고 있나?"

"그 악당! 난 털끝만치도 두렵지 않아.
그자가 감옥에 갇히지 않는 게
오로지 정치적인 연고들 때문이라는 건
세상이 다 아는 사실이지."

"우리 사무국장도 곧
출마를 발표할 작정이라더군."

"뭐라고! 그래 그자는
횡령 사실이 폭로될 게 두렵지도 않대?"

"자 자, 그만하세! 죄다 농담이었어.
실은 방금 두 분을 만나고 오는 길인데
두 분 다 자네 선거 운동을 지원하겠다더군."

"이 사람, 짓궂기는!
자네 때문에 그만 몹쓸 욕설을 했잖은가 —
우리 계파에서 제일 좋은 두 동지한테다가."

"**회**개를 설교하시는 일이라곤 없는데
왜 그렇습니까?"
설교가가 말했다.

"내가 가르치는 유일한 것이 회개라오."
스승이 말했다.

"하지만 죄를 슬퍼하라는 말씀을
나는 들어 본 적이 없는데요."

"회개는 지난 일을 슬퍼하는 것이 아니오.
과거는 죽은 것,
한 순간이나마 비탄할 가치조차 없는 것이오.
회개는 정신의 변화,
실재를 철저히 달리 바라보는 것이오.

철학자가 스승에게 "객관적 실재"에 관해
한바탕 장광설을 늘어놓고 나자 스승이 말했다.

"당신이 알고 있는 것은 실재가 아니라
실재에 대한 당신의 지각입니다.
당신이 경험하고 있는 것은 세계가 아니라
당신 자신의 정신 상태입니다."

"그렇다면 누군들 실재를 파악할 수 있겠습니까?"

"있지요 — 다만,
자기 사상들을 넘어서는 사람들만이."

"어떤 사람들이 그런 사람들입니까?"

"자기 자신이라고 부르는 위대한 설계자를
잃어버린 그런 사람들이지요.
자기 자신을 잃어버릴 때 설계가 멈추고 —
세계가 발가벗고 사랑스러운 그대로 보이지요."

"마누라가 다른 여자라면 훨씬 더 좋아하련만."

누군가 그런 말을 하자 스승이 회상한 이야기:

배 위에서 스승이
바다의 해넘이를 찬탄하고 있었다.

"아름답잖아요?"
옆에서 갑판 난간에 기대 서 있던
여자를 향해 외쳤다.

"그래요."
여자는 마지못해 대답하는 눈치였다.
"하지만 왼쪽이 좀더 분홍색이라야겠다는
그런 생각이 안 드세요?"

"그래야겠다는 기대들이라는
색안경을 벗어 버리고 바라보면
매사가 아름다워 보이지요."

"**성**격 판단을 잘 한다고
전 자부하고 있죠."

"그게 정작 자부할 만한 일인가?"

"아닌가요?"

"아니지.
판단을 잘 하는 사람이나
판단을 잘못 하는 사람이나
공통된 결함이 하나 있는데
판단을 한다는 것이라네."

"삶이 그저 평범하기만 해서 전 우울해요.
세상의 눈길을 끌 만한 중요한 일이라고는
평생에 단 한 번도 한 게 없어요."

"세상의 주목이 행동에 중요성을 부여한다고
생각하는 건 잘못이라네."

한참 시간이 흘렀다.

"좋아요. 누군가에게 영향을 주는 일이라고는
좋든 나쁘든 단 한 번도 한 게 없어요."

"영향력 행사가 행동에 중요성을 부여한다고
생각하는 건 잘못이라네."

"좋아요, 그럼,
행동에 중요성을 부여하는 건 뭐예요?"

"그 자체를 위해서 자기 온 존재로 행하는 것이지.
그러면 그게 이득과는 상관없는 행동,
하느님스런 행동이 된다네."

제자 하나가 큰 잘못을 저지르게 되어
모두들 스승이 어떤 본보기 벌을 주리라고
기대하고 있었다.

한 달이 다 가도록 아무 일도 없자
누군가가 스승에게 항의했다.
"우리는 못 본 척할 수 없습니다.
아무튼, 하느님이 우리에게 눈을 주셨습니다."

"그리고,"
스승이 대꾸했다.
"눈꺼풀도 주셨다네."

"고통의 가치를 당신 강론들에서는
왜 그리 지나치게까지 강조하시오?"
스승이 말했다.

"사노라면 마주칠 무슨 일에라도 대면하도록
고통은 우리를 단련하고 맛들이게 해 주니까요."

스승은 아무 말도 하지 않았다.

나중에 제자들이 물었다.
"고통이 우리를 단련하고 맛들이게 해서
대면시킨다는 그게 정확히 말하면 뭘까요?"

"더 큰 고통이겠지, 짐작컨대."

"고통이 사람을 단련하지 않습니까?"

"중요한 건 고통이 아니라 사람의 자세라네.
고통은 단 맛도 쓴 맛도 낼 수 있거든 —
마치 옹기장이의 불이 진흙을
태워서 숯덩이처럼 만들어 버릴 수도 있고
구워서 옹기로 단련해 낼 수도 있는 것처럼."

왜 아무하고도 따지는 일이 없느냐고 하자
스승이 들려 준 이야기:

> 대장장이 노인이 친구에게 털어놓기를,
> 자기 선친 대장장이는 자기더러
> 가업을 물려받기를 원하셨던 반면에
> 어머니가 늘 가슴에 품고 있던 소망은
> 아들이 치과 의사가 되는 것이었다고 했다.
>
> "그런데 여보게,
> 그 어른이 외고집을 부리셨던 게
> 다행이라고 난 생각하고 있다네.
> 치과 의사가 되었더라면 굶어죽었을 테니까.
> 그리고, 난 그걸 입증할 수 있지."
>
> "어떻게?"
>
> "내가 이 대장간에서 일해 온 게 30년인데
> 그 오랜 세월 동안 단 한 번도 나더러
> 이빨 뽑아 달라는 사람이라곤 없었거든."

스승의 결론:
"그런 게 논쟁들이 일삼는 논리지.
보이는 사람에게는 논리가 필요없다네."

"늘 기도만 하고 있으니 웬일인가?"

"기도가 제 정신에서 큰 짐을 덜어 주니까요."

"그게 바로 기도가 불행한 버릇이 된다는 걸세."

"기도가 불행한 버릇이 되다니요?"

"정신을 딴 데로 돌려서
누가 그 짐을 거기 첫 자리에다 놓는지를
보지 못하게 하는 버릇이 드는 것이지."

"여러분이 귀를 기울인다는 것은
알아듣기 위해서가 아니라
여러분 자신의 생각들을 확인해 주는
무엇인가를 찾아 내기 위해서입니다.
여러분이 논증한다는 것은
진리를 발견하기 위해서가 아니라
자기가 생각하는 바를 옹호하기 위해서입니다."

어느 마을을 임금님이 지나가다가 보니
놀라운 사격 솜씨의 표지들이 있었다.
나무들과 헛간들과 담장들에 곳곳이
동그라미가 그려져 있는데, 동그라미마다
정확히 한가운데 총탄 구멍이 나 있었다.
임금님이 이 비범한 사수를 보시고자 했다.
불러다 놓고 보니 열 살 어린이였다.

"못 믿을 노릇이로고.
어찌 그다지도 잘 하는고?"

"떡 먹기보다 쉽사와요.
먼저 쏘아 놓고 동그라미는 나중에 그리와요."

"그처럼 여러분은 결론부터 먼저 내려 놓고
그 둘레에다 전제들을 쌓아 올립니다.
그런 것이 여러분의 종교와 여러분의 이데올로기를
여러분이 고수해 나아가는 방식이 아닙니까?"

현대 과학이 **우주**를 변화시킨다는
과장된 이야기들을 듣고 스승은 재미있어했다.

"인간 의지와 자연 사이의 접전에서
자연이 후퇴로구먼."

"하지만 우리가 우주에서 아무 것도
변화시킬 수 없을까요?"

"우주에 항복할 줄 알게 되었을 때까지는."

설교가가 하느님을 들먹일 때마다 스승은 말하곤 했다.
"여기서 하느님 얘기는 제쳐놓으시구려."

어느 날 설교가가 더는 못 참고 말았다.
"내가 늘 당신은 무신론자가 아니냐 싶었다구요.
왜 여기서 하느님 얘기를 제쳐놔야 해요 … **왜**?"

스승은 점잖게 다음 이야기를 들려 주었다.

> 남편을 여읜 부인을 사제가 위로하러 갔더니
> 부인이 찢어지는 소리로 외쳤다.
> "보세요, 당신네 하느님이 무슨 짓을 했는지!"
>
> "하느님은 죽음을 기뻐하시지 않습니다, 부인.
> 부인과 똑같이 매우 가슴아파하십니다."
>
> "그렇다면 왜 죽도록 허락은 해요?"
>
> "그건 알 길이 없습니다. 하느님은 **신비**이시니까요."
>
> "그렇다면 하느님이 죽음을 기뻐하지 않는다는 건
> 어떻게 당신이 알게 되었어요?"
>
> "뭐, 실은 모르지만 … 우린 짐작으로 하느…"
>
> **"닥쳐요!**
> 여기서 하느님 얘기는 제쳐놓으라구요! 알겠어요?"

활동가들은 스승에게 불만이었다 —
그들에게 더 많이 필요한 것은
행동보다 빛이라고 그래서.

"무엇에 대한 빛 말입니까?"

"삶이란 무엇이냐에 대한."

"삶이란 남들을 위해서 사는 것이라는 걸
우리는 확실히 알고 있습니다.
그보다도 더 많이 또 무슨 빛이
우리에게 필요하단 말입니까?"

" '위해서' 라는 낱말이 무슨 뜻인지를
이해할 필요가 있소."

설교가들에게 스승이 들려 준 우화:

지네가 슬기로운 늙은 부엉이에게 가서
통풍 때문에 죽을 맛이라고 하소연했다.
다리 백 개가 모조리 쑤셔 대고 있으니
이 일을 어쩌면 좋겠느냐고.

신중하게 생각해 본 다음 부엉이는
지네더러 다람쥐가 되라고 충고했다.
다리가 넷만 있게 되면
아픈 데가 96퍼센트 사라지는 셈이라고.

"훌륭한 착상이로군요.
그럼 이제 말씀해 주십시오 —
어떻게 하면 다람쥐가 될 수 있는지."

"그런 일로 성가시게 굴지 말게.
난 다만 이 근방의 정책을 창안할 따름일세."

"어떤 튼튼한 바탕을,
제 삶을 위해 어떤 확고한 기초를
발견하고 싶습니다."

"이런 식으로 생각해 보게."
스승이 말했다.
"대륙들을 가로질러 옮아다니는
철새의 튼튼한 바탕은 무엇일까?
강물에 실려 바다까지 다다르는
물고기의 확고한 기초는 무엇일까?"

한 활동가가 되돌아와서
아직도 자기에게 무슨 빛이 더 필요한지
찾아 내고자 했다.

"사랑하는 사람과 활동하는 사람의
차이를 아는 빛."
스승이 말했다.
"사랑하는 사람은 교향곡에 참여한다네."

"그리고 활동하는 사람은요?"

"자기 북 소리에 사로잡혀 있지."

성서를 걸고 맹세하는 사람들에게 스승은
개념화하는 정신으로는 진리를
파악할 수도 없고 표현할 수도 없다고
환기시키기에 지치는 일이 없었다.

비서가 전화를 받아 적바림한
쪽지를 가져온 것을 들여다보며
지배인이 투덜거렸다.
"난 이걸 읽을 수가 없소."

"전화 거신 분의 말씀을
썩 잘 알아들을 수가 없어서
썩 분명하지는 않게 적었습니다."

"**깨**침에 이르기 위해
우리가 할 수 있는 것은
정말 아무 것도 없습니까?"

"글쎄, 기차를 탄 할머니가
기차를 빨리 가게 하려고
기차간 벽을 밀고 있는 그런 짓을
흉내낼 수는 있겠지."

깨닫기 위해 우리가 할 수 있는 것은
아무 것도 없다는 스승의 가르침에
설교가가 열나게 대항하자 스승이 말했다.

"하지만 매사가 하느님이 주시는 선물이라고,
우리의 모든 선이 하느님의 은총이라고
바로 당신이 설교하고 있지 않소?"

"그렇습니다. 하지만 나는
하느님이 우리의 협력을 요구하신다는 것도
설교하고 있지요."

"아하!"
스승이 싱글거리며 말했다.
"나무 패는 사람이 어린 아들더러
함께 끙끙거려 달라는 것처럼."

신참 제자들이 적응하기 어려워하는 것은
스승의 인간성, 그저 예사스런 사람다움이었다.
거룩한 사람이란 마땅히 어떠어떠해야겠다는
그런 그들의 요청들에 맞아 들어가기에는
스승이 삶의 좋은 일들과 감각의 기쁨들을
너무나 많이 즐기고 있는 것이었다.

한 신참 제자가 한 고참 제자에게
이 점을 들먹였다가 얻은 대답인즉 이러했다.

"하느님이 한 스승이 이루어지게 하실 때
그 **사람**이 사라지게 하시지는 않지요."

종교심이 독실한 제자가 성서 문제로 되돌아왔다.
"성서가 우리에게 하느님에 대한 개념을
전혀 줄 수 없다는 말씀입니까?"

"개념에 담긴 어떤 신도 전혀 신은 아니라네.
그래서 신은 신비라는 것일세 —
신에 대한 개념이란 없다는 말이지."

"그렇다면 성서는 우리에게 무엇을 줍니까?"

그 대답 삼아 들려 준 스승의 경험담:

> 중화 요리 식당에서 저녁을 먹을 때
> 한 악사가 아리송하게 귀에 익은
> 가락을 연주하기 시작했는데,
> 한자리에 앉았던 아무도
> 그 곡명을 기억해 내지 못했다.
>
> 스승이 말쑥하게 차려 입은
> 웨이터를 불러서 부탁했다.
> "저 사람이 켜고 있는 게 뭔지
> 좀 알아 봐 주게나."
>
> 웨이터가 성큼성큼 마루를 가로질러 갔다가
> 돌아오더니 쾌활하게 알려 바쳤다.
> "바이올린이랍니다!"

"지각하는 바에 따라
행동도 나타나는 법이라네.
변화시킬 것은 행동이 아니라
안목이라네."

"안목을 변화시키려면
무엇을 해야 합니까?"

"그저 이해하기만 하면 되지 —
자네가 지금 바라보는 방식에
결함이 있다는 걸."

"사물을 보되 자기 식으로들 보고
있는 그대로 보지를 않는다"라는,
자주 되풀이하는 이 말을 설명하고자
스승이 들려 주곤 한 예화:

여든 한 살 노인이 된 스승의 친구가
수도원으로 찾아왔는데
흠뻑 젖고 뻘투성이가 되어 있었다.

"여기서 한 마일 떨어진 그 여울 탓이야.
옛날에는 단번에 훌쩍 뛰어넘곤 했건만
요즘은 늘 한가운데 떨어지고 말거든.
여울이 점점 넓어지고 있었다는 걸
내가 또 그만 깜빡 몰라봤지."

스승도 맞장구를 쳤다.
"난 요즘 허리를 굽힐 때마다
젊을 적보단 땅이 멀어졌구나 그러지."

"하느님도 못하시는 일이 하나 있다네."
남을 속상하게 할세라 두려워하는 제자에게
스승이 말했다.

"뭐데요?"

"팔방미인 노릇."

"**필**요한 것은 깨달음일세."
종교심이 독실한 제자에게 스승이 말했다.
"깨달음, 깨달음, 깨달음."

"알고 있습니다. 그래서
하느님의 현존을 깨닫고자 하고 있습니다."

"하느님을 깨닫는다는 건 환상이지.
하느님이 무엇과 같다는 그런 개념이란 없다네.
필요한 건 자네 자신을 깨닫는 것일세."

나중에 또 말했다.
"하느님이 사랑이시라면,
그렇다면 하느님과 자네 사이의 거리는
자네 자신에 대한 깨달음과 자네 사이의 거리와
똑같은 거리라네."

주어진 어떤 도덕 문제에나
하나뿐인 **절대로** 옳은 대답이 있을 수 있다고
누군가가 주장하자 스승은 말했다.

"사람이 축축한 데서 자면 요통을 얻지.
하지만 그건 물고기에게 맞는 말은 아니지.

사람이 나무 위에서 산다는 건
위험하고 신경이 곤두서게 아슬아슬한 노릇이지.
하지만 그게 원숭이에게 맞는 말은 아니지.

그런데 이 셋, 물고기와 원숭이와 사람 가운데
누구의 습성이 옳은 것일까 — 절대로?

사람은 물고기를 먹고 소는 풀을 뜯고
나무는 땅에서 양분을 섭취하지.

이 셋 가운데 누구 입맛이 옳은 것일까 — 절대로?"

가난한 이들을 위해 꿈꾼 바를
젊은이가 열심히 설명했다.

"언제 그 꿈을 실현시킬 작정인가?"

"기회가 오면 곧장요."

"기회는 영영 안 오네.
이미 와 있으니까."

애를 써 보기도 했지만 아무래도
돈 벌고 싶은 충동을 막지는 못하겠더라고
부자가 스승에게 말했다.

"삶을 즐기지도 못하다니 딱한 일이로군."

"삶을 즐기는 일은 늙어서나 하기로 하지요."

"늙도록 살기나 할지 원."

그러면서 들려 준 이야기:

      노상 강도가 말했다.
      "돈 내놔라.
      아니면 목숨을 내놔라."

      피해자가 말했다.
      "목숨을 가져가거라.
      늙어서 쓸 돈을 아끼련다."

돈벌이에 열내다가 건강이 위험해진
부자 또 하나에게 들려 준 이야기:

구두쇠가 죽어 무덤으로 실려 가다가
갑자기 의식이 깨어났는데,
사태를 판단해서 얼른 결심을 했다.

"차라리 그냥 누워 있는 게 낫겠군 —
안 그러면 이 장례 비용을
내가 물어야 할 테니까."

"대부분의 사람들이 삶보다는 오히려 돈을 아낀다"
라는 것이 스승의 결론이었다.

달라지거나 깨치기 위해
"해야" 할 것이란 아무 것도 없다는
스승의 가르침에 제자들이
아주 선뜻 따르는 일은 없었다.

스승은 말하곤 했다.

"어둠을 몰아내기 위해
무엇을 **할** 수 있느냐?
어둠은 빛이 없는 것이다.
악은 깨달음이 없는 것이다.
없는 것을 향해서
무엇을 **할** 수 있느냐?"

"우리 아버지·어머니는
'그 스승이라는 사람 조심해라'
그러시던데요."

새로 온 제자가 말하자
스승이 빙그레 웃었다.

"조심하게, 여보게.
매우 매우 조심 조심 그러다 보면
자네도 조심스런 부모님의 운명을 만날 테니까 —
매우 좋거나 나쁜 일이라고는
자네에게도 일어나지 않을 테니까."

"저분을 믿을 수 있는지 난 모르겠네요."

신참자의 말에 고참 제자가 대꾸했다.

"스승은 하시는 말씀 한 마디라도
우리더러 믿게 하려 하시지는 않아요 —
매사를 의심하고 묻고 도전하게 하시죠."

나중에 덧붙였다.
"내가 두렵게 여기는 건
스승의 말씀이 아녜요.
그분의 현존예요.
그분의 말씀은 빛을 가져다 주지만
그분의 현존은 사람을 타오르게 하거든요."

나라의 압제자들이 밉다고
누군가가 밝히자 스승은 대답했다.

"누구에게든지
그를 미워할 만큼 낮은 데까지
자네를 끌어내리도록
내버려 두질랑은 말게."

"신을 찾고 있다면
관념들을 찾고 있는 것이요 —
실재를 놓치고 있는 것이다."

그러고는 스승이 들려 준 이야기:

    방을 배정받은 수도승이 투덜거렸다.
    "별들을 바라보며 묵상할 수 있는
    그런 방을 가지고 싶었는데.
    내 방에서는 멍청한 나무 한 그루가
    시야를 가려 버린단 말야."

    그런데 이 방으로 말하면
    전에 들어 있던 사람이
    바로 그 나무를 바라보는 동안에
    깨침에 이르렀던 그 방이었다.

"당신네 스승은 뭘 가르치오?"

"아무 것도."

"그럼 주는 게 뭐요?"

"가지고 싶어하는 만큼 —
그분의 침묵을,
그분의 사랑을,
그리고 그분 안에서
또 나뭇잎과 풀잎마다를 통해서
하늘에 빛나는 무수한 태양의
빛살들을."

"모두들 나는 두려움이 없는 줄로 알지요."
정부의 고관이 말했다.
"그러나 고백하지만 한 가지는 두렵습니다.
죽음 말입니다.
죽음이란 무엇입니까?"

"난들 어찌 알겠습니까?"

"깨친 스승이신데도!"

"그럴지도 모르지요.
하지만 아직 죽은 사람은 아닙니다."

과학자가 스승에게 현대 과학의 업적에 관한
기록 영화를 보여 주고는 뽐내며 말했다.

"오늘날 우리는 사막을 관개할 수 있고,
나이아가라 폭포의 수력을 이용할 수 있으며,
먼 별의 구성과 원자의 구조를 탐색할 수 있죠.
우리의 자연 정복은 곧 완성될 겁니다."

스승은 감명을 받았으나 수심에 잠겼다.

나중에 스승이 한 말은 이러했다.

"왜 자연을 정복해? 자연은 우리 벗인데.
그 모든 정력을 어째서
단 하나인 인류의 적을 —
두려움을 극복하는 데 쓰지 않을꼬?"

제자 몇이 이름난 종교 지도자 얘기를 하는데
스승은 잠자코 듣고만 있었다.

나중에 이에 관해 묻자 스승은 말했다.
"다른 사람들에게 힘을 휘두르는 사람 —
그게 종교 지도자는 아니지."

"그럼 종교 지도자의 구실은 무엇입니까?"

"영감을 주되 규제하지 않는 것,
깨어나게 하되 강압하지 않는 것."

악은 더 높은 시각에서 바라보면 좋은 것이라고,
죄는 은총에 이르는 통로라고
스승이 말하는 것을 듣고 제자들이 낙담했다.

그래서 스승이 들려 준 이야기:

        카르타고는 고대 로마의
        살 속에 박힌 가시였다.
        마침내 카르타고를 꺼꾸러뜨리자
        로마는 평온을 찾았고
        점점 맥이 빠지더니 멸망했다.

"모든 악이 사라지기라도 한다면
인간의 정신은 녹슬어 버리겠지."
스승은 결론지었다.

"지은 죄들이 엄청난데
무슨 고행을 할까요?"

"그 원인이 된
무지몽매를 이해하게."

나중에 스승은 덧붙였다.
"바로 그렇게 해서
남들도 자기 자신도
이해하고 용서하게 되고
벌이나 고행이라는
응보에 호소하기를
그치게 된다네."

세상에 불행이 있는 주된 원인은
사람들이 비참한 실존을 은밀히 즐기는 데 있다고
스승은 주장했다.

한 친구가 아내에게 말했다.
"어디 먼 데로 떠나가서
재미나게 지내지 그러오, 여보?"

"그런데, 여보,
당신이야말로 아주 잘 알잖아요 —
내가 재미나게 지내며
즐기는 일이라곤 없다는 걸!"
아내의 짜증난 대꾸였다.

성공적으로 살아 가는 비결이
무엇이라고 생각하느냐고
어느 사장이 묻자 스승이 말했다.

"날마다 한 사람씩
행복하게 해 주는 것."

뒷생각으로 덧붙였다.
"그 사람이 자기 자신이라도."

잠시 지나서 또 말했다.
"특히 그 사람이 자기 자신이라면."

정부의 고관이 내방한 기회에
스승이 신문 검열에 대해 항의했다.

고관이 날카롭게 말했다.
"요즘 신문이 얼마나 위험해졌는지
알기나 하시오?"

스승이 말했다.
"탄압된 언론만이 위험하지요."

강화 도중에 스승이
고대 시인을 인용한 일이 있었다.

나중에 한 아가씨가 다가와서는
차라리 **성서**를 인용했더라면 좋았겠다고 했다.

"인용하신 그 이교도 시인이
정말 하느님을 알고 있었을까요?"

스승은 준엄하게 말했다.
"아가씨가 **성서**라고 부르는 그 책의
지은이가 하느님이라고 생각한다면
내가 또 하나 알려 줄 게 있소 —
그분은 또한 **창조**라고 부르는
훨씬 더 이전 작품의 지은이시라오."

종교를 무척 경계하는 것 같은데
왜 그러냐고 누군가가 스승에게 물었다.
"종교야말로 인류가 가진
가장 좋은 것 아닙니까?"

스승의 대답은 수수께끼 같았다.
"가장 좋은 것과 가장 나쁜 것 —
그게 종교에서 얻는 것이지요."

"가장 나쁜 것이라니요?"

"사람들이 주로 취하는 건
미워하기에는 넉넉하되
사랑하기에는 모자라는
그런 종교니까요."

"**영**성에서 중요한 것은
애쓰는 것이 아니라 내맡기는 것입니다."
스승은 말했다.

"물에 빠졌는데 헤엄칠 줄을 몰라 두려워져서
'빠져죽지 말아야지, 빠져죽지 말아야지' 하며
손발을 이리저리 버둥거리기 시작하면 —
불안한 나머지 물을 더 마시게 되고
필경은 빠져죽고 말지요.
반면에 생각하고 애쓰려 들지 말고
바닥까지 내려가도록 내맡겨 두면
몸이 절로 물 표면으로 돌아오지요. …
그게 영성입니다!"

"성실만으로는 모자란다네."
자주 이렇게 스승은 말하곤 했다.
"필요한 것은 정직일세."

"무엇이 다릅니까?"

"정직은 끝없이 사실들에 열려 있는 것,
성실은 자기 선전을 믿는 것이지."

"악이 좋은 일 하는 것을 볼 수 있기까지는
악과 '싸울' 채비가 되어 있는 게 아니라네."

어느 날 이 말이 제자들을 무척 헷갈리게 했는데
스승은 밝혀 주려 들지도 않았다.

이튿날 스승은 한 기도문을 제시했는데,
라벤스브뤽 강제 수용소에서 발견되었던,
구겨진 포장지 조각에 적힌 이런 내용이었다.

"주님, 기억하소서,
선의의 남녀들만이 아니라 악의의 모든 이들을.
그들이 우리에게 가한 온갖 고통만 기억지 마소서.
이 고통 덕분에 우리가 맺은 열매들을 기억하소서 ―
우리의 동료애를, 우리의 충성을, 우리의 겸허를,
우리의 용기와 관용을,
이 모든 것이 불어넣어 준 마음의 큰 정신을.
그리고 그들이 심판받으러 올 때는
우리가 맺은 이 모든 열매들을
그들의 보답과 그들의 용서가 되게 하소서."

제자가 스승의 허점을 찌르려 들었다.
"성덕에 득달하셨습니까?"

"내가 그걸 어찌 알겠나?"

"스승이 모르신다면 누가 알겠습니까?"

"정상인 사람에게 정상이냐고 묻는다면
그렇다고 장담하겠지.
미친 사람에게 정상이냐고 묻는다면 —
역시 그렇다고 장담하겠지."
그러면서 스승은 짓궂게 껄껄 웃었다.

나중에 또 말했다.
"미친 줄을 알아차리는 사람이라면
필경 그리 미친 것도 아니잖은가?
거룩한 줄로 짐작하는 사람이라면
필경 그리 거룩한 것도 아니잖은가?
성덕이란 으레 스스로 의식이 없는 법이라네."

불만스런 신참자가 한 제자에게 말했다.
"정말 좀 알아야겠는데
스승은 거룩한 분이오 아니오?"

"그게 왜 그리 중요하다는 거요?"

"그분 자신이 성덕에 다다르지 못했다면
내가 왜 그분을 따르겠소?"

"다다르셨다면 또 왜 따르겠소?
스승 말씀으로는 누군가를 따르는 그 날
진리를 따르지는 못하게 된다시던데요."

그러고는 또 덧붙였다.
"죄인들도 자주 진리를 말하지요.
또, 성인들도 사람들을 헤매게 하고.
무슨 말을 하는지를 살펴봐요 —
누가 말하느냐가 아니라."

신의 섭리에 관해 질문을 받고
스승이 들려 준 이야기:

유태인 두 사람이 역경에 빠졌다.

"나는 하느님이 섭리하실 것을 안다네."
한 사람이 큰 확신을 가지고 말했다.

"나는 다만 하느님이 섭리하실 때**까지**
섭리하시기를 소망할 따름이라네."
다른 사람이 말했다.

종교의 악효과 가운데 하나는, 스승에 따르면, 인류를 종파들로 쪼개어 놓았다는 것이다.

스승이 즐겨 들려 준 이야기:

소년이 소녀 친구에게 물었다.
"넌 장로교인이니?"

"아냐."
소녀가 불퉁거렸다.
"우리가 속한 데는
또 다른 구역질나는 데야!"

본다는 것이 왜 그처럼 어렵냐고 묻자
스승이 들려 준 이야기:

      샘이 유럽에 갔다가 돌아오자
      남자용 속옷 회사의 동료 사원이
      진지하게 물었다.
      "로마에도 갔더랬나, 샘?"

      "그럼, 가고말고."

      "교종도 봤나?"

      "봤냐고? 직접 알현을 했다구."

      "설마 흰소리는 아닐 테지!"
      동료는 눈이 둥그래졌다.
      "그래, 어떻게 생겼던가?"

      "글쎄, 보아하니
      사이즈가 13.5쯤 되더군."

순례자 일단이 스승에게 찾아왔다가
종교적 감성을 침해받았다고 불평하자
스승은 빙그레 웃음지으며 변명하기를
자기가 우정 해친 것은 그들의 에고라고 했다.

그리고 들려 준 이야기:

        주교가 '성소의 마돈나'를
        '교구의 수호자'로 선포했다.
        이에 이 영예로운 칭호가
        자기네 후보에게 주어지도록
        로비 활동을 벌였다가 실패하고 만,
        '성전의 마돈나'를 떠받드는 신도들이
        항의 시위 행진에 나섰고
        '성전의 마돈나'께 바치는 보속으로
        하루 단식을 선언했다.

"침해된 것은 마돈나였을까요,
아니면 이른바 종교적 감성이었을까요?"
하고 스승은 물었다.

철학자가 스승이 말하는 깨달음이란
무슨 뜻인지 종잡을 수 없다며
그걸 정의해 달라고 청했다.

"그걸 정의할 수는 없습니다."

"일종의 생각입니까?"

"개념들과 사변들은 아니고,
두뇌가 죽어 정지하는 그런
큰 위험의 순간들에 구사하는
그런 일종의 생각이지요 —
혹은 큰 영감의 순간들에."

"그런데 그게 어떻게 생각하는 겁니까?"

"몸-두뇌-존재를 가지고 생각하는 것."

스승은 말했다.

"노력을 통해 문제들이 해결된다고
생각하는 사람들이 있습니다.
이런 사람들은 단지
자기들과 남들을 줄곧 바쁘게 하는 데
성공할 따름입니다.

깨달음을 통해서만
문제들이 해결될 수 있습니다.
실은, 깨달음이 있는 곳에는
문제들이 생겨나지 않습니다."

해외 여러 나라로
설교가가 여행중이었다.

제자들이 스승에게 말했다
"여행으로 그의 정신이
넓어질 거라고 생각하세요?"

"아니.
고작 그의 좁은 정신이
더 널리 퍼지기나 하겠지."

자기네 자신은 길을 잃고 헷갈려 있는 터에
남들을 위해 영적 안내자로 자처하는 사람들을
풍자하며 스승이 즐겨 들려 준 이야기:

    보행자 지침서를
    쓴 지은이가
    그 책이 출간되던 그 날
    차에 치었다.

독재자가 집권하자 스승이 체포되었는데,
길 모퉁이에서 쪽지들을 나눠 주다가
검열 규정 위반 혐의로 붙들린 것이었다.

경찰서에서 그의 보따리를 뒤져 보니
해로울 것이라고는 아무 것도 없었다 —
백짓장들말고는.

"이게 무슨 뜻이오?"
경찰관이 다그쳤다.

스승이 웃으며 대답했다.
"사람들은 그게 무슨 뜻인지 압니다."

이 이야기가 온 나라에 소문나게 되었고,
그래서 몇 년 뒤에 성전 구내에서 스승이
백짓장들을 나눠 주는 것이 발견되었을 때는
그 지방 사제들이 좀 기분이 언짢았다.

실재를 아는 한 수단으로서
"생각에서 벗어난", "앎이 없는" 묵상을
스승은 분명히 옹호했다.

"**앎**이 없이 어떻게 실재를 **알** 수 있어요?"

"음악을 아는 식으로."

백만장자가 수도원에 와서 큰소리를 쳤다.

"내가 그 바보 늙은이에게
세상의 즐거움들을 좀 가르쳐 드려서
이런 수도원에 틀어박혀 궁상이나 떨며
일생을 허송하지 않도록 하고야 말겠소."

사실인즉 스승으로 말하면
삶의 좋은 일들을 즐기는 사람임을
잘 알고 있는 제자들이 이 말을 듣고는
한바탕 껄껄 웃었다.

한 제자가 말했다.
"그 바보 늙은이에게
삶을 즐기는 법을 가르치겠다니
물고기 멱감기는 짝 났구려."

"**신**의 일을 볼 수 있습니까?"

"바로 지금 보고들 있지."

"왜 우리는 알아차리지 못합니까?"

"생각을 부려서 뒤틀어 놓으니까."

제자들이 못 알아듣자 스승은 말했다.

"찬 바람이 불면
물이 얼음이라는
굳은 덩어리로 변하지.
생각이 끼어들면
실재가 '사물들'이라는
오만 가지 굳은 조각들로 쪼개어지지."

"**행**동 속에서 신을 어떻게 발견합니까?"

"행동이 맺을 열매는 아랑곳하지 않고
행동을 온 마음으로 사랑함으로써."

이 말이 제자들에게 좀 어렵다는 것이 드러나자
스승이 들려 준 이야기:

> 어떤 사람이 백만 불을 주고
> 그림을 하나 샀는데
> 그러고는 그 액자에다가
> 소인 찍힌 수표를 꽂아 놓았다.

"그 사람이 정작 사랑한 것은
미술이 아니라 **신분**이었지."

"성性에 관해 말씀해 주십시오."

"성이란 그걸 아는 사람들에게는
신성한 일이라네."

"아는 사람들이라니요?"

"개구리가
꽃들 바로 옆에 앉아 있는데
벌이 발견한 꿀에 대해서는
전혀 의식조차 없다네."

"진리에 이르는 데
가장 큰 장애는 무엇입니까?"

"사실들에 직면하기를 꺼리는 것."

그 설명으로 스승이 들려 준 예화:

> 몸무게가 지나친 여자가
> 저울에서 내려서며 말했다.
> "여기 이 표준 신장표에 따르면
> 난 여섯 치쯤 키가 더 커야겠구먼."

나중에 들려 준 또 다른 여자 이야기:

> 마침내 자기 몸무게에 대해
> 뭔가를 하기에 이르렀은즉,
> 저울에 올라서기를 단념한 것이다!

신념이 확고한 모든 이에게
— 그 신념이 종교적이든 정치적이든
혹은 경제적이든 상관없이 —
스승이 전할 메시지는 이것 하나였다.

"필요한 것은 안전이 아니라
놀음꾼의 두둑한 배짱입니다.
딛고 설 단단한 땅이 아니라
헤엄꾼의 재빠른 솜씨입니다."

별빛 초롱초롱한 어느 날 밤,
스승은 자기가 배운 천문학을
제자들에게 이용해 주었다.

"저게 안드로메다의 나선형 은하계라네.
우리 은하수만큼 크지.
거기서 내쏘는 초속 186,000마일 빛살들이
250만 년이 걸려서 우리에게까지 이른다네.
우리 태양보다 여러 배로 큰 태양들
천억 개가 저 은하계를 이루고 있지."

그러고는 잠시 말이 없다가
씽긋 웃으며 말했다.
"이제 우린 경치 속에 들여놓였으니
자러 가세."

"자신에 대한 죽음에서 오는
평화를 찾고 있습니다."

"그런 평화를 찾는 게 누구인고?"

"나."

"너의 '나'가 죽고서라야 살아서 올 평화를
너의 '나'가 어떻게 얻겠다는고?"

나중에 스승이 제자들에게 들려 준 이야기:

> 단추와 리본 장수 노인이 죽었는데,
> 모두들 놀라게도 보험 증권들로
> 엄청난 유산을 남겨 놓게 되었다.
>
> 이것이 그러나 그의 미망인에게는
> 위로가 되기는커녕 통곡할 노릇이었다.
> "아이고, 불쌍한 우리 영감,
> 평생 지독한 가난뱅이로 지내며
> 낮이고 밤이고 일만 죽도록 하더니,
> 이제 하느님이 이런 행운을 보내셨건만
> 그걸 즐길 영감은 온데간데 없구료!"

한번은 스승이
바가바드 기타의 명구를 인용했는데,
주님이 신봉자들에게
싸움터의 한고비에 뛰어든 동안에라도
주님의 연꽃 발치에서
평화로운 마음을 간직하라고
당부하는 내용이었다.

한 제자가 물었다.
"제가 어떻게 하면
그런 경지에 도달할 수 있을까요?"

스승이 말했다.
"자네의 노력들이 어떤 열매들을 맺든
만족하기로 작심을 하게."

대부분의 사람들이 찾고 있는 것은
깨달음과 활동의 즐거움이 아니라
사랑과 인정을 받는 위안이라는 것을
설명하기 위해 스승이 들려 준 이야기:

스승의 막내 딸이 아버지에게
매일 밤 자러 가기 전에
동화 책을 읽어 달라고 졸랐다.

어느 날 문득 녹음을 해 주면 되겠구나
하는 생각이 아버지에게 떠올랐다.
어린 딸은 녹음기 다루는 법을 배웠고
만사가 며칠 동안은 잘 되어 갔는데,
결국은 어느 날 저녁 또다시 딸이
아버지 앞에 이야기 책을 쑥 내밀었다.

"이제 넌 녹음기 틀 줄을 아는 걸."

"알지 그럼. 그렇지만,
거긴 내가 올라앉을 무릎이 없는 걸."

차마 스승의 말을 더는 못 듣겠다며
떠나겠노라고 알리는 손님을 보고
나이 지긋한 제자가 공감을 했다.

"댁의 기분을 알 만하구려.
여러 해 동안 난 그분을 피했다오.
그분의 말씀들이 마치
날뛰는 야수들을 밀림에서 직송해다가
내 쬐끄만 뜰 안에다 부려 놓는
그런 나무 상자들 같았거든.
난 차라리, 제발 차라리
한 묘지에서 다른 묘지로
깔끔한 백골들을 실어 나르는
그런 말들을 하는 설교가들에게나
찾아갔으면 싶더라오."

진실을 말해야겠다는 강박관념 때문에
곤경에 빠지기 일쑤인 제자를 스승이 꾸짖었다.

"하지만 우리는 언제나 진실을 말해야 하지 않습니까?"

"천만에! 더러는 진실을 접어두는 게 최선인 때도 있는 법일세."

그런 실례를 들어 보라고 대어들자 들려 준 이야기:

시어머니가 한 주간을 예정하고 왔다가 한 달을 머물렀다.

젊은 부부에게 마침내 노파에게서 벗어날 꾀가 떠올랐다.
아내가 남편에게 말했다.
"오늘 저녁에 국을 대접할 테니까 우리가 막 다투자구요.
당신은 너무 짜다고 하세요. 난 오히려 싱겁다고 할께요.
만일 어머님이 당신 편을 드시면
내가 발끈 토라지며 그럼 가시라고 그러겠어요.
내 말이 맞다고 그러시면
당신이 버럭 화를 내며 떠나라고 그러세요."

국이 날라져 왔다. 말다툼이 사나워지자 아내가 말했다.
"어머님은 어떠세요, 국이 짜요 안 짜요?"

뚱해진 할머니가 숟갈로 국물을 떠서 입술에 갖다 대어
입맛을 다셔 보고는, 잠시 생각하더니 말했다.
"내 입엔 맞구나."

설교가가 되겠다는 의향을 한 제자가 밝히자
스승은 들으려 하지 않고 이 말만 했다.

"기다리게. 자넨 준비가 안 돼 있네."

한 해가 가고, 두 해가 가고,
또 5년, 그러고는 또 10년,
그래도 스승은 금지령을 고수했다.

어느 날 제자가 말했다.
"제가 비록 준비가 안 되었더라도
어떤 조그만 좋은 일을 할 수는 없을까요?"

스승이 말했다.
"총에다 탄환을 재기도 전에 쏘는 사람이
어떻게 효과를 내는 포수가 되겠느냐?"

성덕은 자기를 의식하지 않는 것인 까닭을
설명하기 위해 스승이 들려 준 이야기:

한 알콜 중독자 친구가
다시는 술을 마시지 않으리라고
맹세를 했다.

어느 날 몹시 갈증에 시달리며 그는
술집 점원에게 레몬 쥬스 한 잔을 청했다.
그리고,
점원이 준비하는 동안에 속삭였다.

"그리고,
거기다 위스키를 좀 탈 수 있겠소? ―
내가 안 보는 사이에."

사회활동가가 사회 구조들의 개혁을
열렬히 주장하자 스승이 말했다.

"좋지요. 하지만, 우리에게 필요한 것은
단순히 개혁을 가져올 **손**만이 아니라
사랑을 가져올 **눈**입니다."

"그러니 구조 개혁은 시간 낭비라고요?"

"아니, 아닙니다. 개혁된 구조들이
사랑을 보호할 수는 있지요 —
사랑을 낳을 수는 없다는 말입니다."

설교가에게 스승이 말했다.
"구구절절이 절대로 옳은 말씀만 한다는
그게 당신에겐 탈이오 —
그리고 그게 텅 비어 있다는 게.
사람들은 실재를 찾고 있는데
당신이 제시하는 건 말들이 전부지요."

그게 무슨 뜻인지 알아야겠다고
설교가가 다그치자 스승이
"당신은 마치 이런 사람과 같소"
하며 들려 준 이야기:

    할부 판매 가구를 산 사람에게
    회사에서 고지서가 날아왔다.
    "귀하가 본사에 불입해야 하실
    채무 전액을 보내 주시기 바랍니다."

    그 사람의 회답은 신속하고 분명했다.
    "본인이 귀사에 불입해야 할
    채무 전액은 일천 오백 불입니다."

인종 차별 반대 시위를
잔인하게 진압한 일에 대하여
스승이 정부의 고관에게
강력한 항의 서한을 보냈다.

고관은 답신하기를 자기는 오로지
의무를 수행했을 뿐이라고 했다.

스승이 말했다.
"어리석은 자가 부끄러운 짓을 하고서
언필칭 지껄이는 변명이
의무를 수행했노라는 것이지."

사교 모임에서 두 유부녀가 나눈 대화:

"일전에 바깥양반을 만났어요.
세상에, 어쩜 그리 총명하신지!
뭐든지 다 아시나봐요."

"속지 마세요.
뭐든지 의심하는 일이 없는 사람예요!"

스승은 말했다.
"학자가 그와 비슷하지.
실재에 관해 알 것은 모조리 다 알면서
그 존재를 의심해 보지도 않는 그런 사람."

"여행을 별로 안하시는데 까닭은?"

기자가 묻자 스승은 말했다.

"일년 내내 날마다
딱 한 사람이나 사물의 모습만 들여다보며
거기서 뭔가 새로운 것을
발견하지 못하고 마는 일이 없는 것 —
그거야말로 여행이 줄 수 있는 것보다
훨씬 더 흥미진진한 모험이지요."

"저 바깥 세상 사람들"의 탐욕과 폭력을
제자가 매도하는 말을 듣자
스승이 상기한 이야기:

    덕성기德性期를 통과중이던 늑대가
    쥐를 뒤좇아 달려가는 고양이를 보자
    친구 늑대를 돌아보며 분개했다.

    "인젠 누군가가 뭔가를 해서
    저따위 불량배 짓을 막아야 할
    때가 된 거 아냐?"

"깨침에 가장 큰 장애는 무엇입니까?"

"무지몽매."

"무지몽매의 형태는 딱 하나뿐입니까
아니면 여러 가지가 있습니까?"

"여러 가지.
예를 들어 자네에게 특유한 무지몽매의 낙인은
자네가 깨침을 찾아 다니도록 요구하고 있다네."

치과 의사에게 한 여자가
틀니를 더 갈아서 낮추어 달라고
세번째 청했다.
"맞지 않아서 그래요."

"말씀대로 하면
이빨들이 입에 안 맞을 텐데요."

"내 입을 가지고 누가 무슨 말을 해요?"
여자가 짜증을 부렸다.
"거울 속을 보니 이빨들이 안 맞다구요."

그리고 스승은 결론지었다.
"자네 신조들이 자네 마음에는 맞겠지만
과연 사실들에 맞을까?"

젊은 시절에 스승은
지혜를 찾아 집을 떠났더랬다.

"발견하면 알려 드리지요."
그런 말을 남기고.

여러 해 뒤에는 그런데
알려 준다는 게 썩 중요하지 않아 보였다.
그 때 그는
자기 자신도 전혀 모르는 사이에
정말 발견했다는 것을
알게 되었던 것이다.

겉으로 드러나는 몸가짐과 옷차림으로
다른 사람들에게 인상을 박아 주려고 드는
그런 종교 지도자들에 대하여 말하면서
스승이 제자들에게 들려 준 이야기:

　　　　술취한 사람이 비틀비틀 집으로 돌아오다가
　　　　아내에게 술취한 상태를 감쪽같이 숨길
　　　　기발한 착상을 하나 얻었다.
　　　　'서재에 들어앉아 책을 읽고 있으면 되겠군.
　　　　술취한 사람이 책 읽고 있더라는 말
　　　　들어 본 사람 있거든 나와 보라지!'

　　　　서재 구석에서 뭘 하고 있냐고
　　　　아내가 영문을 몰라하자
　　　　그는 명랑하게 대답했다.
　　　　"독서중이라오, 여보."

　　　　"약주 하셨군요!
　　　　그 가방일랑 닫아 놓고
　　　　내려와 저녁이나 드세요."

손님의 신조들이 불합리함을 스승이 지적하자
손님이 당당하게 대꾸했다.

"나는 그것이 불합리하기 때문에 믿습니다."

"오히려 이렇게 말해야 하지 않을까요?
— '나는 내가 불합리하기 때문에 믿습니다.'"

"어떻게 하면 행복에 이르게 될까요?"

"무엇을 얻든지 만족할 줄 알게 됨으로써."

"그럼 언제나 아무 소망도 가질 수 없는 건가요?"

"아니, 소망을 가질 수는 있지 —
언젠가 내가 만난 어느 아버지처럼
이런 자세를 먼저 가지고 있다면 …"

        출산실 앞에서 초조하게 기다리고 있던
        아기 아버지에게 이윽고
        간호사가 나와서 말했다.
        "아들 얻기가 소망이셨다던데 딸이네요."

        "아, 그게 정작 중요한 건 아니오.
        난 아들이 아니라면 딸이기를
        소망하고 있었으니까요."

제자가 손님에게 말하는 소리가
스승에게 들렸다.

"난 특별히 영광을 입었죠.
수백 명이 내보내지는 동안에도
나 하나만은 스승께서 가려내어
제자로 받아들여 오셨거든요."

나중에 스승은 그를 따로 만나서 말했다.

"처음부터 분명했던
한 가지는 짚어 두기로 하세.
다른 사람들보다는 자네가 뽑힌 셈이라면,
그건 단지 그 사람들보다는 자네가
모자람이 더 크기 때문일세."

어린이들의 도덕 교육이라는 주제에 관해
스승이 이런 말을 한 적이 있다.

"내가 십대 소년일 적 얘긴데,
우리 아버지가 나에게
시내의 특정 업소들에 대해
주의를 시키셨더라네.

'애야, 나이트 클럽엘랑
아예 들어가는 일이 없도록 해라.'

'왜요, 아버지?'

'봐선 안 될 것을 보게 될 테니까.'

이러고 보니 난 물론 호기심이 솟을 밖에.
그리고 첫 기회가 오자 곧장
어느 나이트 클럽엘 들어갔더라네."

제자들이 물었다.
"그래서 뭔가 봐선 안 될 것을 보셨나요?"

"보고말고.
우리 아버지를 보았지."

"저의 지난번 스승은
태어남과 죽음을 받아들이도록 가르치셨습니다."

"그렇다면 나에게는 무얼 하러 왔소?"

"그 사이에 있는 걸 받아들이기를 배우려고요."

한 여제자가 자기는 이기적이고 세속적이며
비영성적이라고 확신하고 있었다. 그러나
그 여자가 한 주간 수도원에 머문 다음, 스승은
그만하면 적당하고 건전한 영성임을 판정해 주었다.

"하지만 다른 제자들만큼 영성에 나아가기 위해서
뭔가 제가 할 수 있는 게 없을까요?"

이에 스승이 대답으로 들려 준 이야기:

> 어떤 사람이 자동차를 샀는데,
> 여섯 달이 넘게 세밀히 계산해 본 다음,
> 그런 차들에 매우 자주 따라다니는,
> 주행 거리 수치가 높게 나타나는
> 그런 현상은 없다는 결론을 내렸다.
> 그리고 정비 기사에게 차를 가져다 보였고,
> 정비 기사는 검사 후 완벽한 상태를 선언했다.
>
> "하지만 주행 거리를 늘이기 위해서
> **뭔가** 내가 할 수 있는 게 없을까요?"
>
> "글쎄요, 있긴 있죠.
> 대부분의 자동차 주인들처럼 할 수 있죠."
>
> "그게 뭔데요?"
>
> "거짓말."

스승이 제자들을 위해 하는 일이 무엇이냐는
물음에 스승은 대답했다.

"조각가가 호랑이 상을 위해 하는 그런 일이지요 —
대리석 덩어리를 가져다 놓고서
호랑이같이 생기지 않은 데는 모조리
쪼아 내어 버리는 것이지요."

나중에 제자들이 이 말의 정확한 뜻을 묻자
스승은 말했다.

"내 소임은 자네들 자신이 아닌 것을 무엇이나
때려쳐서 떼내어 버리는 것이라네 —
자네들의 문화와 자네들의 과거에서 생겨나서
자네들에게 덕지덕지 붙어 있는
온갖 사상, 감정, 태도, 강박관념 들을."

종교 지도자들에 대해
스승이 못마땅히 여기는 점 가운데 하나인즉,
자기네 신도들 속에 맹목적으로 경솔하게 믿는 마음을
길러 놓는다는 것이었다 —
더러는 감히 의문을 제기할 때마저도 그 의문이라는 게
으레 자기네 신조의 좁은 한계 안에 있을 지경으로까지.

어느 설교가가 정직하게, 청중들로 하여금
자기 말에 대해 의문을 제기하게 해 보고자 했다.
그래서 강구한 방안인즉, 이런 이야기를 해 줄 테니
의문이 있으면 말해 보라는 것이었다.

목이 잘린 순교자가 자기 머리를 두 손에
받쳐 들고 걸어가다가 넓은 강에 이르렀는데,
헤엄을 치자니 두 손이 다 필요한지라
머리를 입에 물고서 무사히 헤엄쳐 건너갔다.

질문이 없이 침묵의 시간이 잠시 흘렀는데 이윽고,
설교가가 반갑게도, 한 사람이 일어나 의문을 제기했다.

"그랬을 리야 없지요!"

"어째서요?"
설교가가 기대에 차서 물었다.

"머리를 입에 물었다면 숨을 쉴 수 없었을 테니까요."

"행복은 나비라네.
뒤좇아가면 살랑살랑 호리며 날아가지.
가만히 앉아 있으면 어깨 위에 사뿐 내려앉지."

"그래서 행복을 얻기 위해
제가 할 일은 무엇입니까?"

"추구하기를 그만두는 것."

"하지만 제가 할 수 있는 일이라곤
아무 것도 없는 걸까요?"

"조용히 앉아 있으려고 해 볼 수 있겠지 —
그럴 용기가 있다면!"

여러 세기 전에 예수가 그랬던 것처럼
스승은 사람들에게 종교를 경계하게 했는데,
그대로 내버려 두면 종교는
맹목적 율법 준행을 신성화하기 때문이었다.
이 점을 가리켜 들려 준 예화:

연병 장교가 신병들에게 묻고 있었다.
"장총 개머리판에는 호두나무를 쓴다.
그 이유를 아는가?"

"저항력이 더 크기 때문입니다."
한 병사가 말했다.

"틀렸다!"

"유연성이 더 크기 때문입니다."
또 하나가 말했다.

"또 틀렸다!"

"아마 다른 나무보다는 반들반들
광택이 더 잘 나기 때문이라고 생각합니다."
세번째 대답이었다.

"바보가 되지 마라.
호두나무를 쓰는 이유는
규정에 그렇게 되어 있기 때문이다."

"신의 존재를 믿습니까?"

광신자가 묻자 스승이 말했다.

"내 질문에 대답하면
당신 질문에 대답하겠소.
당신이 앉은 의자는
왼쪽으로 첫째 의자요?"

"무엇의 왼쪽으로?"

"무엇의 존재를?"

그 사람 자신의 가치와 자격이 아닌
어떤 다른 데서 유래하는 종교적 권위의
터무니없음을 제자들에게 보여 주기 위해
스승이 들려 준,
결혼 소개소에 찾아간 어느 일꾼 이야기:

"여기가 중매하는 덴가요?"

"네, 그렇습니다."

일꾼은 스물다섯 살 미인의 사진을 집어들었다.
"이 여자를 택하지요."

"아닙니다, 이 부인을 택하셔야지요."
머리가 희끗희끗한 쉰 살 여자의 사진을
소개소장이 보여 주며 말했다.

"어째서 그 여자를 택해야 해요?"

"연장자 우선권이 있으니까요."

"**현**재는 길이가 얼마일까요 —
1분? 1초?"

"훨씬 짧고도 훨씬 길다네.

짧은 까닭은
거기 초점을 맞추는 순간
이미 지나가 버렸으니까.

긴 까닭은
언젠가 그 안에 들어갔다 하면
시간이 없는 상태와 마주치게 되고
영원이 무엇인지를 알게 되니까."

스승이 말했다.

"자궁 안에 있을 때에는 말이 없었는데,
그러고는 태어나 말하기 시작하여
말하고 말하고 말하고 그러다가 —
마침내 무덤에 묻히는 그날,
다시 한번 말이 없어질 것입니다.

그 침묵을 붙드십시오 —
저 자궁 속에 있었고
저 무덤 속에 있을 것이며
또 지금 이 삶이라는 소란의 막간에까지도
그 밑바닥에 깔려 있는 그 침묵을.
그 침묵이 여러분의 가장 깊은 본질입니다."

"**저**분이 뭐 그리 독창적인 데가 있소?"
어느 손님이 물었다.
"해 준다는 얘기가 죄다 다른 스승들한테서 꾸어온
일화, 잠언, 격언 들을 뒤섞은 잡탕 아니오?"

한 여제자가 빙그레 웃더니 들려 준 이야기:

　　　한번은 이 부인의 집에
　　　잡탕 요리 솜씨가 더없이 훌륭한
　　　부엌 아주머니가 있었다.

　　　"어쩌면 이렇게도 잘 만들어요, 아줌마?
　　　그 비결을 내게도 좀 가르쳐 줘야겠어요."

　　　아주머니의 얼굴이 긍지로 번뜩였다.
　　　"좋아요, 마님, 말씀드리지요.
　　　쇠고기는 별것 아녜요.
　　　후추도 별것 아니고 양파도 별것 아니구요.
　　　하지만 **제 자신을** 거기다가 던져넣으면 ─
　　　그게 이런 잡탕을 만들어 내지요."